쓸모 있는

월요일에 모인 우리들의 주역이야기

쓸모 있는 주역

초판 1쇄 발행 2024년 9월 24일

지은이. 김세희, 김승훈, 김연희, 김종민, 김춘임
박성하, 박일호, 박호영, 백미화, 신영은
신창호, 심홍식, 윤경숙, 이병욱, 이주원
이희단, 임정아, 진상훈, 탁재홍, 한지윤
황봉덕

씽크스마트 책 짓는 집
경기도 고양시 덕양구 청초로66
덕은리버워크 지식산업센터 B-1403호
전화. 02-323-5609

펴낸이. 김태영
홈페이지. www.tsbook.co.kr
블로그. blog.naver.com/ts0651
페이스북. @official.thinksmart
인스타그램. @thinksmart.official
이메일. thinksmart@kakao.com

ISBN 978-89-6529-419-1 (03140)

*씽크스마트 - 더 큰 생각으로 통하는 길
'더 큰 생각으로 통하는 길' 위에서 삶의 지혜를 모아 '인문교양, 자기계발, 자녀교
육, 어린이 교양·학습, 정치사회, 취미생활' 등 다양한 분야의 도서를 출간합니다.
바람직한 교육관을 세우고 나다움의 힘을 기르며, 세상에서 소외된 부분을 바라봅
니다. 첫 원고부터 책의 완성까지 늘 시대를 읽는 기획으로 책을 만들어, 넓고 깊
은 생각으로 세상을 살아갈 수 있는 힘을 드리고자 합니다.

*도서출판 큐 - 더 쓸모 있는 책을 만나다
도서출판 큐는 울퉁불퉁한 현실에서 만나는 다양한 질문과 고민에 답하고자 만든 실
용교양 임프린트입니다. 새로운 작가와 독자를 개척하며, 변화하는 세상 속에서 책
의 쓸모를 키워갑니다. 홍겹게 춤추듯 시대의 변화에 맞는 '더 쓸모 있는 책'을 만들
겠습니다.

자신만의 생각이나 이야기를 펼치고 싶은 당신.
책으로 사람들에게 전하고 싶은 아이디어나 원고를 메일(thinksmart@kakao.com)로 보내주세요.
씽크스마트는 당신의 소중한 원고를 기다리고 있습니다.

월요일에
모인
우리들의
주역이야기

쓸모 있는

주역

〈주역 특강〉
역수(逆數)의 시공(時空)에 걸쳐

신
창
호

고려대학교 교수. 대학에서 교육학과 철학을 공부
하였다. 40여년째 학교라는 울타리를 벗어나지 못
하고 있는 사회 부적응아이자 희귀 동물 인간이다.
교직 생활을 이어가면서도 인문학 강좌와 관광 기
행 등을 통해 성인들의 여생(餘生)에 관한 평생학습
을 고민하고 있다.

1

'서문'과 '감수의 말'을 대신할 이 글이, 조금 길어질지도
모르겠다. 이 책에 실린 여러 편의 글에서 드러나듯이, 나
도 다른 선생들처럼, 내 인생 얘기를 조금은 기록해 놓아야
하지 않겠는가! 모든 것은 아닐지라도, 우리 〈주역특강〉의
탄생 배경이라도 적시해 두는 것이 예의일 것 같아 그렇다.

2

인생에서 감동(感動)은 언제나 황홀경(怳惚境)을 겪는다.

내 인생에도 감격(感激)의 시절이 있었다. 꽤 많았다. 어린 시절부터 그랬다. 글씨를 보기조차 힘든, 희미한 호롱불 밑에서 공부하던 산골의 순수한 소년 시절에서, 세상을 바로보기 힘들 정도의, 휘황찬란한 전깃불 위에서 학문하던 도시의 청년 시절까지, 삶의 감동과 감격은 희로애락(喜怒哀樂)을 변주(變奏)하며, 인생이라는 풍수(風水)에 나부꼈다. 그것이 상(賞)이었건 벌(罰)이었건, 신뢰(信賴)였건 배반(背叛)이었건, 상승(上昇)이었건 하강(下降)이었건, 돌아보면, 삶은 바람 위에 앉은 수증기에 불과하다.

이번에는 또 다른 감흥(感興)이 나를 일으켜 세웠다. 〈주역특강〉반! 그들은 진솔(眞率)했다. 생(生)의 한 갑자(甲子)를 넘긴 대부분의 사람들이, 삶을 달관(達觀)한 듯, 도(道)가 틘 듯, 자신을 직시(直視)했다. 내 생애 처음으로 느껴보는, 거대한 성찰(省察)의 명장면이었다. 〈주역 특강〉을 마무리하며, 책을 출간하는 마당에서였다. 그것은 공부(工夫)가 주는 즐거움인 동시에 여생(餘生)을 향한 디딤돌이었다. 내 머리를 장식(裝飾)하는 일종의 리메이크 업(Remake up)이었다.

이제 나는, 현재의 직장에서 정년퇴임이 얼마 남지 않았다. 그 기간이 한 자리 수로 접어들 무렵, 깊이 생각했다. 몇 년 후, 이 직장을 떠나면 무엇을 하고 있을까? 아니, 무엇을 해야 할까? 100세를 훌쩍 넘기는 장수 시대가 보편화의 길을 가고 있는 세상인데, 그 긴 여생을 어떻게 마주해야 하는가? 멀리 볼 것도 없이, 먼저 퇴직한 주변 선배들의 생활을 살펴보았다. 처음에는 특별한 생각 없이 선배들에게 물었다. '퇴직 후 삶이 어떻습니까?' '그저 그래, 뭐, 훌훌 털고 좀 쉬어야지!' 조금 지켜보았다. 그런데 그 현직에서의 열정은 어디로 갔지? '답답하다'는 생각이 들었다. 나중에는 기약 없이 캄캄해지는 한심함이 속으로 밀려왔다. 물론, 이는 내 삶의 기준에서 볼 때 그렇다는 말이다. 아마, 선배들도 나름대로 더욱 열심히 살고 있으리라!

그래도 마음이 편치 않았다. 내가 감지한, 퇴직 후 인생의 대부분은, 그저, 의미 없이 생(生)을 낭비(浪費)하며 놀고 있는 것처럼 보였다. 그때 떠오르는 단어가 '반면교사(反面敎師)'였다. '나는 저러지 말아야지!' 다시, 강조하지만, 퇴직후, 막 사는 것 같은 사람들의 인생이 꼭 그렇지는 않을 것이다. 그럼에도 불구하고, 꺼림직한 것은 어째서일까? '그저 연금, 또는 저축해 놓은 돈을 깎아 쓰면서, 의미 없이 놀고 있는 존재'로 느껴지는 것은 무엇 때문일까? 물론, 내 생각이 전적으로 오류일 수도 있다. 나는, 특별한 경우를 제외하고, 모든 사람이 현 직장에서 퇴직한 후에도, 새로운 길을 찾아, 정말 의미 있는 일을 하며, 보람 있는 여생(餘生)이기를 간절히 소망한다.

3

나는 일반 병사로서의 군대 생활, 막노동, 9급 공무원, 어느 기관의 경비원 등 몇몇 사회생활을 제외하고, 대학 학부 때부터 지금까지 40여 년을 학교에서만 생활했다. 교육기관 경험이 내 생애의 모두라고 해도 과언이 아니다. 때문에, 내가 대학에서 배우고 가르치는 지식을 제외하고는 '도무지 아는 것이 없다!' 정치, 경제, 사회, 문화, 예술 등, 다양한 영역의 교양이나 특정 사안에 대해, 별도로 공부하지 않는 한, 그 분야에 대해서는 문외한이다. 그만큼 그런 부분에서는 바보 멍청이다!

어느 날 몇몇 친구가 대포 한잔을 기울이며 '주식(株式)' 관련 얘기를 했다. 무슨 말인지 한 마디도 알아듣지 못했다. 나 혼자 바보 취급을 당했다. 허허! 그것만이 아니다. 골프 얘기가 나올 때마다, 골프 관련 용어를 전혀 몰라 어울리지 못한 경우도 한두 번이 아니다. 이런 사회부적응아가 되다보니, 어떤 때는 희귀동물이나 천연기념물로 오인되기도 했다. 그만큼 사회 물정을 모르는 무식꾼에 불과하다. 그렇게 청년 시절을 품고 한 갑자(甲子)를 돌아왔다. 어느덧 내 나이 60대에 들어선 것이다.

이런저런 내 삶의 궤적을 뒤돌아보며, 정년 퇴임을 몇 년 앞두고, 선택의 기로(岐路)에 서야 했다. 평생을 교육기관에서 선생 노릇하며 살아왔는데, 아는 것이라곤 내 영역의 소소한 지식밖에 없는데, 무엇을 할 수 있을까? 그 대안의 하나가 강좌 개설을 통한 봉사였다. 코로나 팬데믹이 아직도 가시지 않은 늦가을, 퇴임이 한 자리 수로 접어들어, 점점 그 숫자가 줄어들고 있던 어느 날, 나는, 인문학 기행을 함께 했고, 그 분야에 상당한 노하우를 쌓은 〈쏙쏙〉의 진상훈 대표에게, 이런저런 이야기를 꺼냈다. 진 대표는 흔쾌히 받아주었다. 그리고는 바로 인사동 수운회관에 〈꼬레아아테나고등교육원〉을 설립하여, 강의 장소를 제공했다.

나는 일체의 강사료를 받지 않기로 했다. 진 대표에게도 내 뜻을 조용히 말했다. 물론, 진 대표는 나에게 많은 호의를 베푼다. '술도사 밥도사!'(서울 종로의 낙원상가 앞에 있는, 자주 가는 단골 선술집 이름이다. '술도 사고 밥도 사다'라는 뜻이다) 나는 바란다. 무엇보다도, 수강료 수입이 〈꼬레아아테나고등교육원〉이 세 들어 살고 있는 〈수운회관〉의 임차료(賃借料)를 충당하고, 더욱 많은 분이, 여러 훌륭한 강사들이 주관하는 인문학 강좌에 참여하여 건전한 여생을 펼쳐나가시기를!

코로나로 중단되긴 했으나, 나는 20여 년 전부터, 일반인을 대상으로 〈고전무료특강〉을 진행해 왔다. 나름대로 인문학에 관한 강렬한 의지가 있었기 때문이다. 그것은 30여 년의 교직 생활에서 터득한 교육적 열정이다. 인문학적 소양 없이 인간의 품격을 성숙하게 만들 수는 없다! 나는 생각한다. '인생은 이 광활한 우주 자연을 무료(無料)로 이용하는 자선가(慈善家)이다!' 인생이 무료라면, 인문학도 무료 아닌가! 하하하! 나는 너무나 운(運)이 좋은 사람이다. 정말 훌륭한 스승으로부터 많은 가르침을 받았다. 그때 무료로 받은 은혜는 갚아야 하지 않은가!

〈고전무료특강〉을 진행한지 10년쯤 지났을까? 어느 날,

집 근처 카페에서 아내와 커피를 마시고 있었다. 아내가 말했다. '이제 10년 넘게 했으면 그만해도 될 것 같은데?' 그때 나는 웃으면서 말했다. '선생님이 가르쳐주신 것에 비하면, 이건 새 발의 피야! 어쩌면 이런 봉사가 내 인생의 의무이자 업보(業報)가 아닌가? 허허!' 아내는 조용히 일어나더니, 커피 한 잔을 더 가져왔다.

나는 아직도, 담담하게 미소지며 아내가 가져다준, 그때 그 커피를 잊을 수 없다. 생생히 기억한다. 내가 즐겨 마시던 '에스프레소(Espresso)'! 아주 자그마한 잔, 그것도 영국제 무슨, 아주 비싼 도자기 잔에, 그 카페에서 제일 비싼 커피였다. 지금 어디에 기록되어 있는지 모르겠으나, 나는 그때 한 편의 답시(答詩)를 아내에게 보냈다. "에스프레소! 나는 네가 이탈리아 커피인 줄 몰랐어. 오늘 처음 너를 알아 본 거야. ……" 대충 이렇게 쓴 것 같다.

그렇게 아내의 커피 한 잔에, 내 〈고전무료강의〉는 일생의 대사업으로 굳어졌다. 특별한 경우를 제외하고, 아마, 죽는 날까지, 꼭 강의가 아니더라도, 무료로 지식 활동을 하는, 그 어떤 사업들은 꾸준히 이어질 것 같다!

4

이 지점에서 〈길 위의 인문학〉이라는 프로그램을 언급하지 않을 수 없다. 우연한 기회에, 나는 우리나라 문화사에 한 획을 그은, 〈길 위의 인문학〉 프로그램의 초대 기획

위원으로 활동했다. 그것은 인문학이라는 용어를 더욱 부각하며, 전통 문화유산과 독서, 출판 등 여러 영역을 융합시켰다.

사실, 진 대표도 그 프로그램을 통해 만났다. 정확한지는 모르겠으나, 15년쯤 전, 2010년 3월 하순 무렵으로 기억된다. 진 대표는 〈길 위의 인문학〉의 개시, 즉 첫 1박 2일 프로그램 행사를 담당하고 있었다. 나는 그때 그 프로그램의 강사로 초빙되었다.

초빙을 받긴 했으나 난감했다. 주최 측의 요청은 간단했다. 1박 2일 동안 퇴계종택, 도산서원, 퇴계묘소 등등, 퇴계 선생과 관련한 문화유산을 안내하고 해설하는 문화의 전령사를 담당하면 된다는 것이었다. 이전에 이런 프로그램이 없었기에 참고할 자료도 거의 없었다. '괜히 승낙했나?' 약간의 후회도 들었다. 나보다 훌륭한 분들도 즐비한데, 왜 내가, 하필이면, 첫 기획 프로그램에 선택되었을까?

이유가 있다면, 당시 나는 퇴계 선생의 자성록(自省錄)을 풀이한 『함양과 체찰』이라는 책을 출간하였다. 상당히 반응이 좋았다. 순식간에 인문학 분야 베스트셀러에 올랐다. 책 출간을 기념하여, 〈인문학열전〉이라는 교양 프로그램에서 1시간 동안이나 인터뷰 형식의 퇴계 사상 대담도 가졌다. 당시 〈문학사랑〉을 이끌고 있던 소설가 김주영 선생, 내가 번역한 퇴계 시를 낭송할 성우 배한성 선생, 두 분이 동행했다. 그 후에도 수많은 인문학 기행과 강연이 이어졌다. 현재도 진행 중이다.

5

이런 결과가, 현재, 나를 〈꼬레아아테나고등교육원〉에서 강의하도록 이끈 힘들이다. 교육원에서 맡은 첫 번째 강좌는 『논어』였다. 10여 명의 수강생들이 열정을 보였다. 코로나가 채 가시지도 않은 시기인지라, 여러 가지 염려도 있었다. 발췌한 『논어』의 문장들을 보면서 코로나를 삼켰다.

그 다음이 바로, 이 자리의 주인공인 〈주역특강〉이었다. 코로나 상황이 서서히 정돈되어 갈 무렵, 20여 명이 참여했다. 나는 속으로 상당히 놀랐다. 이렇게 많은 사람이 함께 할 것을 예상하지 못했다. '10명 정도나 올까?' 생각보다 많은 분들의 참여에 마음 자세도 달라졌다. 가장 먼저, 참여자의 연령대와 수준을 고려해야 했다. 성인학습에서는 성인들의 요구와 지향을 파악하여 그에 맞는 대처가 필수적이기 때문이다. 그래도 내가 박사과정 때 성인 평생교육을 부전공하지 않았던가! 하하!

이분들은, 기존에 내가 가르쳤던, 20-30대의 단순한 대학생들이 아니다! 뿐만 아니라, 그 동안 내가 일반인들을 상대로 〈고전무료강의〉를 했던 대중들과도 또 다르다. 나중에 확인해 보니, 기업체 대표를 비롯하여 전문 분야의 박사, 공공 기관의 팀장, 등등 나름대로 성공한, 리더급에 속하는 교양을 갖춘 분들이 대부분이었다. '이것 참, 어떤 방식으로 강의하지?' 약간은 긴장이 되었다. 열심히 내용을 정돈하여 공유해야겠다는 생각이 들었다. 이전에 연구했던 자료들을 10권 이상이나 다시 꺼냈다. 한국, 중국, 일본에서 나온 『주역』책들이 책장 여기저기에서 나를 꿰 뚫어보는 듯했다.

강의 때마다, 그날 다룰 내용을 서너 번씩 점검하였다. 수강하는 분들에게 하나라도 정확하게 일러주려고 나름대로 애썼다. 조금이라도 인문학 수준을 확대하기 위해, 하나의 방법을 고안하여 구사했다. 내 나름대로는, 그것을 '사자성어(四字成語) 작전'이라 부른다. 매시간 긴 문장을 '내 글자'로 또는 세 글자나 다섯 글자로 묶었다. 가능한 한 사자성어 형식으로 축약하여 응용하기 편하게 제시했다. 그 첫 번째 책은 『주역단상』(상)으로 출간되어 있다. 두 번째 책은 조만간 출간될 예정이다.

6

그렇게 〈주역특강〉이 3년에 걸쳐 진행되었다. '어른 수강생'들은 남달랐다. 특별한 일정이 생기지 않는 한, 선생님들은 대부분 특강에 참여했다. 참여하지 못하는 경우에는, 미리 참여하지 못한다는 사정을 얘기했다. 그것은 또다른 감동이었다. 내 긴 경험으로 볼 때, 상당수의 성인 강좌 참여자들이, 자기 하고 싶은 대로, 자기 편리대로 행동하는 경우가 많다. '오고 싶으면 오고, 가고 싶으면 가는 식'으로 강의에 임한다.

그런데, 이게 웬일인가? 우리 〈주역특강〉에 참여하는 분들은 남달랐다. 처음에는 '긴가민가'했다. 시간이 지나면서, '이런 분들도 있구나!' '내가 세상 사람들을 너무 불신했나?' 등등, 오히려 강의 담당자로서 부끄럽게 여겨졌다. 수강생을 믿지 못하다니! 세상이 다시 보이는 것 같은 느낌이 들었다. 물론, 중간에, 건강상, 또는 사업상, 기타 특별한 사정이 생겨, 참여하지 못한 분들도 있었다. 그래도 그들은 늘 애정을 가지고, 미안해하며, 건강과 시간이 허락하면 다시 참여하겠다는 의사를 전해 왔다. 이 또한 고마운 일이다.

참여자의 상당수가 '강의'와 '답사 기행', '친목 도모' 등등, 다양한 시간을 보내며, 서로 가까워지고, 다른 데서는 하지 못했던 이야기로 인생을 나누어왔다. 길 수도 있고 짧을 수도 있는, 3년에 걸친 시간이었다. 나는 특강을 진행하면서 1년쯤 지났을 때, 이 강좌의 감동을 기록으로 남겨 놓아야 겠다는 생각을 했다. 왜냐하면, 나 스스로 다양한 강좌에도 참여해 보았고 강의도 맡아서 해보았지만, 한국 사회에서 이렇게 진지하게 한 강좌를 오랫동안 진행한 것을 흔하게 보지 못했기 때문이다. 대부분이 '이벤트(event)'성이 강한, 단발성 또는 단기간의 특강 아닌가!

내 예상은 빗나가지 않았다. 강의 3년 차, 「계사전」에 열중하던 시절, 우리는 글을 쓰기로 의견을 모았다. 20여 분의 글이 모였다. 『주역』의 내용을 녹여 넣은, 생각지도 못한 고백이 쏟아졌다. 어린 시절은 물론, 젊은 날의 초상들이 분노와 슬픔, 기쁨과 즐거움, 희망의 여생(餘生)을 펼쳐내려는 삶의 그리움으로 자신을 붙잡고 있었다. 나는 한밤중에, 별빛 가득한, 안동 시우실 들판을 산책하며 허공에다 물었다.

"나는, 그리고 당신들은, 어찌 그런 인생이었습니까? 모든 사람에게 개방될 수 있는 이 작은 기록 안에, 가장 쓰라리면서도 오히려 추억으로 남은, 아니, 오늘로 이어지는, 삶의 성찰을 하십니까? 그 용기가 당신들의 참다운 여생입니다! 참으로 감사합니다. 별 헤는 밤입니다."

그리고는 집으로 들어와, 현관 위에 집을 짓고, 두 번째 새끼를 다섯 마리나 낳은, 제비 가족을 한동안, 그것도 물끄러미 바라보았다. 그들은 서로를 의지한 채, 잠을 청하고 있었다. 아니, 그 좁은 집의 가장자리에 둘러앉아, 14개의 다리를 살짝 드러낸 채, 자고 있었다. 그렇게 별이 반짝이는 밤이『주역』에 걸려 흐르고 있었다.

이렇게 3년에 걸쳐,『주역』을 완독하였다. 내 인생의 수많은 강좌 가운데 감회가 남다르다. 글을 남겼건, 건강 사정상 남기지 못했건 관계없이, 함께 한 모든 분에게 감사의 말씀을 전한다. 숭덕이광업(崇德而廣業)!

2024. 8. 입추절(立秋節)에

신창호

| 목차 |

004 [프롤로그] 〈주역 특강〉역수(逆數)의 시공(時空)에 걸쳐

017 김세희 기다림의 에너지를 모으는 시간

026 김승훈 나를 지켜주는 인생 학문, 주역 공부

034 김연희 주역이 달아준 내 마음의 주련

043 김종민 바람의 노래, 변화의 책

056 김춘임 되돌아온 삶, 다시 시작하는 연가

065 박성하 바람을 타고 성장하는 대나무처럼

077 박일호 여행을 품은 주역, 주역을 담은 여행

087 박호영 화천대유(火天大有)와 화천(華川)

096 백미화 시중(時中)의 언덕에 선 새 시작(始作) 마중

106 신영 『주역(周易)』 속에 음악(音樂)의 원리(原理)가 있다?

114 심흥식 멈춤의 지혜, 중길종흉(中吉終凶)

125 윤경숙 내 삶의 정신적 연금

137 이병욱 아주 오래된, 새 길

150 이주원 아수라장(阿修羅場)을 넘어서는 적소고대(積小高大)!

161 이희단 인연이 깊어지는 만큼

171 임정아 경복궁, 주역의 원리에 따라 지은 궁궐

180 진상훈 음양(陰陽) 대대(待對), 그 영원의 기행

188 탁재홍 '풍산점(風山漸)'의 메시지, 점진하는 전성기

201 한지윤 일상의 변(變)과 화(化), 충족의 심연

210 황봉덕 엄마의 날개

218 [에필로그] 점(占), 의심(疑心)의 결단(決斷)!

기다림의 에너지를
모으는 시간

김
세
희

교육학 박사. 전공은 교육사철학으로 현재 대학 출강
중이다. 출판업에 종사하다가 뒤늦게 공부를 다시 시
작한 만학도로, 노안과 배움의 호기심 사이에서 고군
분투하고 있다. 노자와 아인슈타인을 존경하고, 가로
등 켜지는 시간과 여름밤의 산책을 사랑한다.

뭣이 중헌디?

"뭣이 중헌디?"는 2016년 개봉되었던 영화 〈곡성〉의 극
중 대사이다. 빙의(憑依)가 되어 참담한 가족의 최후를 맞
게 되는 딸아이 전효진이 내뱉은 말이다. 경찰인 효진의
아버지 종구는 계속되는 동네 살인사건의 용의자로 의심
되는 외지인의 집에서 딸의 실내화를 발견한다. 너무나 깜
짝 놀란 나머지 딸에게 달려온다. 시름시름 앓고 있는 딸
에게 실내화를 내보이며 다그쳐 묻는다. 그런 아버지를 향

기다림의 에너지를 모으는 시간 • 17

해 효진이는 보다 못해 소리친다.

"뭣이 중헌디? 도대체가 뭣이 중허냐고? 뭣이! 뭣이! 뭣이 중헌지도 모름서 지랄이여!"

착하고 애교 있던 효진의 모습은 온데간데없고, 무서운 눈으로 쏘아붙이던 이 말은, 아버지 뿐 아니라 이를 지켜보던 관객들 또한 뭔가 잘못하고 있는 것은 아닌가하고 가슴 철렁하게 만드는 장면이었다. 그래서일까? "뭣이 중헌디" 이 표현은 당시 한참동안이나 유행어가 되었을 만큼 명대사로 기억되고 있다.

한 마디 말이 유행어가 된다는 것은 많은 사람들의 공감을 샀기 때문이다. 영화 속 맥락이 아니어도 우리네 현실은 무엇이 더 중한지를 따져보고 고민해야 할 순간들의 연속이다. 2년 반에 걸친 주역강좌! 그 과정을 기념하는 차원에서 조그마한 책자를 만들자는 의견이 모아졌을 때 나는 덜컥 겁이 났다. 주역의 64괘는커녕 아직도 기본 8괘조차 제대로 익히지 못하고 있건만 주역 수필이라니. 무엇을 써야 하나? 난감했다. 이 때 문득 떠오른 말이 바로 "뭣이 중(重)헌디?" 이 한 마디였다. 도대체 '무엇이 중(中)한가!'

인생은 장단을 맞춰야

어느 날, 교수님께서 설명해주신 '중(中)'이라는 한자의 개념은 나에게 참 의미심장하게 다가왔다. 그것은 단순하게, 중간을 뜻하는, '가운데'의 의미를 넘어서 있었다. '중(中)'의 글자 모양은 주변으로 깃대에 매달린 깃발이, 바람에 따라 이쪽저쪽으로 움직여 펄럭이는 모양을 단순화시켜 그려놓은 것이라고 한다. 바로 이 '중(中)'자의 형상을 곰곰이 생각해보니, 한글로는 같은 소리로 발음되는 '중(重)'과 중(中)이 오버랩 되면서, '중한 것'이란, 결코 고정되어 있는 것이 아니구나!'라는 생각이 들었다.

영화 〈곡성〉에서 딸이 보인 반응은 여러 가지 의미로 해석할 수 있겠지만, 영문도 모른 채 큰 고통을 겪고 있는 자신에게, 경찰인 아버지가 심문하듯 다그치며 묻는 상황에 대한 항의였으리라. 딸은 묻고 싶었는지도 모른다. '아버지라면, 이토록 수치스럽고 아픈 상처를 입은 자식의 심정을 먼저 살피고 공감해주어야 하지 않나?' 그 상황에서 효진에게 절실했던 것은 아버지의 위로와 걱정, 그리고 보살핌의 손길이었을 것이리라.

인생을 살면서 발생하는 고통의 상당 부분은 '관계'에서 생겨난다. 상대방의 입장을 고려하고, 지금의 상황에 알맞은 말과 행동을 할 수 있으려면, 깃대에 매달린 깃발처럼 바람의 방향과 정도에 맞춰야 한다. 어느 정도 장단(長短)을 맞출 줄 알아야 한다. 삶의 조화(調和)! '뭣이 중헌지'를 안다는 것은 그와 같은 삶의 표현이다. 깃대의 깃발처럼, 바람이 멈추었다면, 나대지 말고 깃발이 휘날리기를 기다려야 한다. 때를 기다리며 멈추어 있을 줄 알아야 한다. 바람이 불어온다면, 마땅히 깃발을 휘날려야 한다. 주저 말고 잠시라도 바람의 방향을 타고 다양한 측면을 바라볼 줄 알아야 한다. 바람결의 속성을 거스르다간, 역풍(逆風)의 쓰라림에 상처를 입게 될 수도 있기 때문이다.

소소하지만 너무나 쓰라린 슬픔

몇 년 전, 너무나 쓰라린 슬픈 일이 있었다. 절친 관계를 유지하며 순수한 만남을 유지해왔던 모임이 깨져버린 것이다. 고등학교 동창 네 명이 30여년이 넘는 시간을 함께 했는데, 마음 아픈 사건이 발생했다. 동창 가운데 어릴 때부터 유독 친했던 두 친구가 말다툼 끝에 결국 절교를 선언하기에 이른 것이다. 알고 보니, 그럴만한 심각한 사연이 있었다. 한 친구가 그동안 다른 친구에게 쌓이고 쌓였던 자신의 감정을 하나씩 꺼내기 시작한지, 꽤 오래되었던 모양이다. 그런데 서운했던 작은 일들을 둘러싼 서로의 감정이 해소되기도 전에, 친구의 이야기를 들어주다 지쳐가던 친구에게, 그 친구의 가장 아픈 삶의 부분을 건드리는 말실수가 벌어지고 말았다. 그래도 우리 넷은 절친이었기에, 서로의 이야기를 들어주고 위로해주기를, 꽤 오랫동안 반복했다. 문제를 일으킨 그 친구는, 사실 누구보다 착하고 남을 먼저 배려하는 성품을 지니고 있었다. 우리는 그 친구의 말이 순간의 실수였다고 믿었다. 그런 만큼 진심으로 위로와 응원을 보내며 괴로운 시간이 하루빨리 자연스럽게 풀려나가길 바랐다. 그런데 그 불똥이 내게도 튈 줄이야!

그 일이 있고 거의 1년이 지난 어느 날, 우연히 그 친구를 만났다. 카페에서 소소한 이야기를 나누었다. 그런데 친구는 묻지도 않았는데 다시 그 이야기를 변하지 않은 톤으로 꺼내기 시작했다. 친구는 여전히 이해할 수 없어 괴로운 상태였다. 게다가 언젠가 던진 내 말 한마디 또한 자신에게 상처가 되었었다는 새로운 사실을 고백했다. 나는 매우 당황했다. 언제 무슨 말을 했는지, 도무지 기억이 나지 않았기 때문이다. 한참을 추적하며 생각해 보았다. 그러나 그때의 얘기는, 어떤 의도도 없이, 정말 아무 생각 없이, 그냥 친구와 나누던 일상의 대화였다. 하지만 그녀는 전혀 다른 방향으로 그 말을 기억하고 있었다. 나는 다시 설명했다. 그럴 의도는, 정말 진짜, 추호도 없었어! 그러나 내 말은 친구에게 조금도 전달될 기미가 보이지 않았다. 답답했다. 그날 그 카페에서는, 더 이상 감정싸움을 하고 싶지 않았다. 카페를 나오기 전, 나는 유독 진한 커피를 좋아하는 그 친구에게 인도네시아 커피원두 한 봉지를 건넸다. 그렇게 그날은 헤어졌다.

문제는 이틀 뒤에 벌어졌다. 당시 나는 박사학위 논문을 준비하고 있었다. 거의 매일 논문작성실로 출근하다시피 했다. 논문작성실은 학위논문을 준비하는 연구생들에게 학교에서 마련해 준 공간이다. 논문작성실에 출근하려고 나가려는데, 문 앞에 택배가 하나 도착해 있었다. 보내는 이를 확인해 보니, 엊그제 만난 그 친구였다. 나는, '아하! 그 친구가 그 날 아주 맛있는 된장이 있다고 소개했는데, 된장 선물을 보냈나?'하고, 미소를 지으며 박스를 열었다. 그런데 웬걸? 내용물은 내가 카페를 나오면서 선물했던, 수마트라 만델링 원두였다. 카페에서 종이봉투에 담아 주었는데, 손도 대지 않고, 그대로 반을 접어, 박스에 넣어 보낸 것 같았다. 나는 순간, 속된 말로 '꼭지가 돌아버리는' 기분이 들었다.

논문작성실에 들어와 책상에 앉았다. 도저히 연구 작업이 되질 않았다. 심장이 뛰고 얼굴이 달아올랐다. 도저히 참지 못한 나는 복도로 나와 그 친구에게 전화를 걸었다. 몇 번의 통화를 시도했으나, 전화를 받지 않았다. 미쳐버리는 것 같았다. 나는 그 친구가 내 전화를 고의로 외면하는 게 분명하다고 생각했다. 대신, 카톡을 열어 감정을 쏟아내기 시작했다. 길고도 긴, 문자였다.

사실, 지난번 카페에서의 우연한 만남에서도 할 말이 많았다. 당시 그 친구의 분위기를 보니, 아무래도 신변에 무슨 일이 있나보다! 갱년기인가? 우울증이 아닐까? 걱정도 되었다. 그 친구 남편도, 그 친구의 큰 언니도, 모두 잘 아는 사이였기에, 전화를 한번 해볼까? 잠시 생각도 해보았다. 하지만, 괜한 오지랖인 것 같아 기다림을 선택했다. 그런데 택배 사건으로 이미 화가 나버린 나는 참지 못했다. 솔직하게 내 감정을 카톡의 문자에 그대로 쏟아냈다. 그리고 망설임 없이 보내기를 클릭했다. 그 뒤로 전화가 왔다. 친구는 사정을 설명했다. 전화를 받지 못하는 상황이었다고. 그러나 우리 둘 사이에 이야기는 잘 풀리지 않았다. 결국 그녀는 '당분간'이라는 말이 붙긴 했지만, 나와도 결별을 선언했다.

회복에서 희망을

바로 그 '언박싱'의 순간을, 『주역』의 64괘 384효에서 찾아본다면, 과연 나의 위치는 어디였을까? 나는 지금도 잘 알지 못한다. 하지만 그 순간 효진이가 나에게 "뭣이 중헌디!"라고 물어봤다면, 나는 무엇을 선택했을까? 그녀의 삶에 어떤 일이 있었는지, 어디 아픈 데는 없는지, 걱정했던 내 마음은 어디로 가버렸을까? 돌이켜보면, 삶은 매순간 '해야 하는 일'과 '하고 싶은 것' 사이에서, 또는 '중요한 일'과 '덜 중요한 것' 사이에서 우선순위를 결정해야 하는, 선택의 순간들로 이어져왔다. 『주역』은 세상에 가능한 사태들을 64괘 384효로 펼쳐내어, 삶의 한 순간, 내가 나아가야 할 바, 내가 취해야 할 바를 알려주는 듯하다. 그런데 상황은 늘 녹녹치 않다. 그렇다고 더할 나위 없이 좋은 상황만이 지속된다거나, 빼도 박도 못할 나쁜 상황만이 연속되는 일이란 애초에 존재하지 않는다. 왜냐하면 주역의 세계에서는 '길(吉)-흉(凶)-화(禍)-복(福)'이 살아 움직이는 생명체와 같이 수시로 '변(變)-화(化)'하는 과정에 놓여있기 때문이다. 그래서 주역은 '생생불식(生生不息)!', 즉 쉼 없이 움직이며 낳고 낳는 과정이라는 원리에 기반한다. 괘의 형상 그리고 효의 위치와 관계가 아무리 형통(亨通)하고 길상(吉祥)이라 해도 그리 좋아할 일도 아니다. 앞뒤가 꽉 막혀 있는 상태, 움직이면 흉포(凶暴)한 일이 생겨날 것만 같은 답답한 때일지라도 절망할 필요는 없다! 그것이 진실로 내가 살고 있는 현실에도 통하는 진리라면, 삶은 항상 지속될 것이고 결국은 회복의 과정에서 희망으로 다가오리라.

　바람의 방향에 따라 살랑살랑 움직이는 깃발과 같은 '중(中)'에는 이러한 역(易)의 의미가 내포되어 있다고 생각된다. 그래서 『주역』에서는 곧고 바른 '정(正)'보다도 '중(中)'이 더 우선시되고, '길(吉)'한 상태보다 '마땅함(利)'이나 '무구(無垢)'의 상황을 추구하는 것이 아닐까! 이 지점에서 잊지 말아야 할 것이 있다. '중(中)'의 형상에서 중심에 놓여 있는 작대기의 존재감이다. 깃발이 제아무리 유연하고 담대하다 해도, 깃대에 매달려 있지 않다면, 마치 공중에 떠돌던 깃털처럼 이리저리 방황하다 언젠가는 떨어져버리고 말 것이기 때문이다. 그 작대기는 깃발을 잡아주는 버팀목이자 잣대이며 기준이다. 생생불식(生生不息)이나 수시변역(隨時變易)과 같은 역의 원리에 미루어 볼 때, 그 기준은 표준

과는 다르다. 바로 그 때, 그 상황에서 지켜야할 도리, 나아
가야 할 방향만큼은 보다 좋고 바른 것이어야 한다. 그래
야만,「계사하전」2장의 언표처럼, "궁즉변(窮則變), 변즉통
(變則通), 통즉구(通則久) 즉, 다하면 바뀌고, 바뀌면 뚫리며,
뚫리면 오래 지속된다!"고 하는 자연의 질서가 유지될 것
이다.

　인간은 때때로 알 수 없는 내일, 자신의 운명(運命)을 궁
금해 한다. 나도 마찬가지다. 점괘(占卦)를 통해서라도 미
래를 알고 싶다. 하지만 '운(運)'은 움직이고 회전한다. 그
회전의 원동력은 무엇일까. 움직임의 원동력은 어쩌면 움
직이지 않는 작대기의 힘이 아닐까 생각해본다. 그 작대기
의 힘이란, '뭣이 중헌디'를 아는 일이다. 그리고 아는 것에
그치지 않고 움직이고 변해야 한다. 기다림도 또 하나의
움직임이다. '당분간'이라고 했던 친구의 마음을 헤아려본
다면, 나는 지금 기다려야 할 때가 아닐까! '언박싱'의 순간
에 놓쳐버렸던 기다림의 에너지를, 이제는 참을성 있게 모
아볼 요량이다.

나를 지켜주는 인생 학문,
주역 공부

사내근로복지기금연구소장. ㈜대상에서 KBS사내근로복지기금으로 전직하여 사내근로복지기금으로 천직을 개척한 제1호 사내근로복지기금박사(경영학박사)가 되었다. 2013년 사내근로복지기금연구소를 창업하여 32년째 사내근로복지기금을 연구하고 있으며 사내근로복지기금의 원류를 연구하다 동양고전에 입문하였다.

생생히 꿈꾸던 일, 그 축복의 순간

인간은 살아가면서 수많은 인연을 만난다. 그 인연이 사람일 수도 있고, 일이 되기도 하고, 또 사건이 될 수도 있고, 책이나 여행이 되기도 한다. 나와 주역의 인연은 2023년 5월 대만여행에서 시작되었다. 나는 1993년 2월부터 KBS사내근로복지기금으로 전직하면서 '사내근로복지기금' 업무와 첫 인연을 맺었다. '사내근로복지기금'은 회사가 이익 가운데 일부를 출연하여 근로자의 복지를 지원하는 제도이다.

그것은 1983년 한국이 대만의 '직공복리금(職工福利金)'을 벤치마킹하여 처음 도입하여 실시하였고, 이후 1991년 8월 정식으로 「사내근로복지기금법」으로 법제화하였다. 대만의 직공복리금은 한국보다 무려 40년이나 앞선 1943년 장제스(蔣介石) 총통이 중국 본토에서 공산당과 국·공 내전을 벌이던 시기에 도입을 지시하여 만들어진 근로복지제도이다. 인애(仁愛)정신을 비롯한 유가 사상에 토대를 두고 있는 '민생주의(民生主義)' 사회정책 중의 하나이다. 1993년부터 32년째 사내근로복지기금 업무를 하고 있었던 나로서는 그 원조국인 대만을 방문하여 필요한 자료들을 구해 비교연구를 해보고 싶었다. 하지만 여건이 허락되지 않아 다음을 기약해야만 했다. 2013년 11월, KBS사내근로복지기금을 중도에 퇴직하고, 나는 사내근로복지기금연구소를 창업하였다. 사업체를 운영하다 보니 신경을 쓸 일은 물론 일이 더욱 늘어났다. 자연스럽게 대만을 방문하겠다는 생각은 뒷전으로 밀려났다. 그런데 기회가 찾아왔다. 2023년 3월, ㈜쑥쑥, 꼬레아아테나 고등교육원에서 5월 11일부터 14일까지 3박 4일 일정으로 대만으로 인문학 여행을 간다는 소식을 들었다. 주저 없이 참가신청을 했다. 사내근로복지기금 업무를 한지만 30년 3개월 만에 대만을 가는 꿈이 이루어진 것이다.

'생생히 꿈꾸는 것은 이루어진다!'

30여 년 만에 이 말의 진정성을 실감했다. 사내근로복지기금! 그 일이 주는 보람과 그 실천의 원동력을 재차 확인하며 더욱 승화하려는 의지가 중첩되었다. 내 인생, 그 마이 웨이(My Way)가 더욱 탄탄해지는 느낌이 샘솟았다.

장제스의 신생활 민생

대만 여행에 동행했던 신창호 교수님은 기행 중간 중간에 인문학적 배경이 되는 지식을 설명해 주었다. 새기며 들어보니, 대만 '직공복리금'의 이념이자 토대가 되는 유교 사상이 유적지 곳곳에 배어 있었다. 1일 차에 중정기념관(中正紀念館)을 찾았다. 기념관에는 박정희 전 대통령이 대만을 방문하여 장제스 총통과 찍은 사진이 전시되어 있었다. 그것을 들여다보며 한참을 생각했다. 한국의 사내근로복지기금이 대만의 직공복리금을 벤치마킹했다는 이야기가 믿을만하구나! 중정기념관에는 1953년 11월 25일, 한국정부에서 장제스 총통에게 수여한 건국훈장 대한민국장 실물이 전시되어 있었다. 정성껏 촬영했다. 조그마한 사진 한 장이지만, 사내근로복지기금연구소에서 실시하는 기금 실무자 교육에서 적극적으로 소개하고 있다.

대만 여행을 통해, 새롭게 안 사실들이 많다. 특히, 장제스 총통의 호(號)가 '중정(中正)'이고 이는 주역에서 가져온 것이라는 데 놀랐다. '중정(中正)'이나 '개석(介石)'이 『주역』〈예(豫: ䷏)〉괘의 육이(六二) 효사인 "개우석(介于石), 부종일(不終日). 정길(貞吉)-돌처럼 굳고 움직이지 않는 것이니, 날이 마치지 않음이다. 그러기에 곧고 길하다"에 근거한다는 교수님의 설명을 듣고, 『주역』이라는 학문에 묘한 경외감을 느꼈다. 육이는 효의 자리와 특성으로 볼 때, '중정(中正)'이고, '개석(介石)'처럼 지조를 굳게 지키며 마음에 걸림이 없다. 이에 흥미를 가지고 나름대로 조사해 보았다. 징제스는 정말 대단한 인물이었다. 6세부터 16세 소년기까지 고향인 저장성 평화현(奉化縣)의 여러 사숙(私塾)을 옮겨 다니며 여러 스승에게서 전통 한학을 공부했다. 8세 때 이미 『대학』과 『중용』을 읽기 시작했고, 13세에 『상서』와 당시(唐時)를 배웠다. 14세에는 『주역』을 완독했고, 15세에 『좌전(左傳)』을 읽고 책론(策論)을 배우기 시작했다. 16세에는 모사성(毛思誠)의 문하에서 『좌전』을 다시 배우고 『통감(通鑑)』을 읽었다고 한다. 이렇게 소년기에 이미 중국의 전통 학문과 사상에 대한 상당한 수준의 지식을 쌓았다. 그렇게 하여, 장제스는 민족주의 성향과 중국의 전통 가치를 결합하여 국민들을 통치할 계획을 세웠던 것이다. 중국민들에게 유교의 국가의식을 부활시켰고, 1934년에는 유교적 도덕을 주입시키기 위해 '신생활운동'을 전개했다. 그러나 국민당 정권 내부의 부패와 타락으로 유교 윤리 장려 정책은 실패하고 만다.

이런 장제스의 사상은 1943년 기업들을 대상으로 재탄생되었다. 직공복리금의 법제화가 그것이었다. 직공복리금은 '회사 자본금 1~5%'와 '매월 영업수입의 0.05~0.15%의 이익', '종업원들의 급여에서 0.5%'를 공제하여 함께 기

금을 조성하는 시스템으로, 종업원들의 복지증진에 사용
하도록 하는 제도였다. 세계가 전쟁으로 얼룩지고, 식민지
시대가 절정을 이루고 있던 그런 시기에의 시대 상황으로
볼 때, 대단히 선구적인 사업으로 평가된다. 그러나 직공
복리금은 1945년 8월 일본의 패망과 1949년 10월 중국공
산당에 의한 중화인민공화국의 수립으로 중국 본토에서는
적용하지 못했다. 대신, 장제스의 국민당이 대만으로 오게
되면서, 비로소 자리를 잡게 되었다.

세계 여행의 의미

이것뿐만이 아니다. 여행을 가기 전, 사전 특별 강의에서
는 '관광(觀光)'이라는 개념의 어원도 『주역』〈관(觀: ䷓)〉괘와
연관된다는 교수님의 설명을 듣고, 귀국해서 다시 찾아보았
다. 〈관(觀)〉괘 4효인 육사(六四)에 "관국지광(觀國之光), 이용
빈우왕(利用賓于王)-나라의 빛남을 보는 일이다. 그러기 위해
서는 왕에게 손님이 되는 것이 이롭다)"라는 기록이 있었다.
이 구절에서 볼 때, '관광(觀光)'은 '관국지광(觀國之光)'의 줄임
말에 해당한다. 제4효는 음(陰: --) 으로써 정당한 자리에 있
으면서 위의 九五(-)와 가까이 한다. 제후와 신하들이 위의
임금을 잘 도우며 나라를 발전시키는 형국이라는 의미이다.
성 아우구스티누스는 말했다. "세계는 한 권의 책이다. 여
행하지 않는 자는 그 책의 단지 한 페이지를 읽을 뿐이다!" 여

행에 관한 의미심장한 언표이다. 자신이 거주하고 있는 좁은 땅만 보고 현실에 안주하지 말고, 보다 넓은 세상, 선진 이웃 나라의 생활상과 문화를 보고 생각의 폭을 넓히라는 뜻이다. 즉 다양한 문화를 경험하면서, 배울 것이 있으면 벤치마킹하여 가족이나 이웃, 기업체 실무자들에게 소개하고, 함께 발전하고 성장하려는, 내가 해외여행을 가는 목적을 잘 대변해 주는 명언이다. 나는 대만 여행에서 결심했다. 이렇게 심오한 의미를 품고 있는 철학이 『주역』이라면, 그것을 배우겠노라고. 결심을 굳히고, 교수님에게 주역 특강에 참여하겠다고 약속했다. 이후에는 꼬레아 아테나 고등교육원에서 개설한 〈주역〉, 〈노자노덕경〉, 나아가 김학목 교수님의 〈사주명리〉 특강에 이르기까지 학구열이 이어졌다. 뒤늦게 발동한 이 열정은 또 무엇일까? 이전에 읽었던 『사기』「공자세가(孔子世家)」에서 공자가 주역을 즐겨 읽어 책(册)의 가죽 끈이 세 번이나 끊어졌다는 '위편삼절(韋編三絶)', 공자가 50이 넘은 만년에 주역 공부를 시작해 너무 늦게 주역을 접한 것을 한탄했다는 이야기를 많이 들었다. 나 또한 지금 너무 늦게 주역 공부를 시작한 것이 안타깝다. 그래도 그 안타까움을 넘어설 수 있는 열락(悅樂)의 기쁨이 나를 다시 일으켜 세운다.

인생 학문의 깨달음

배움을 향한 내 열정이나 결심과는 달리, 현실 여건은 그리 녹록치 않았다. 대만 여행에서 돌아온 다음 날, 사내근로복지기금연구소에서 〈사내근로복지기금 회계실무〉 교육을 하루 종일 진행했다. 여독(旅毒)이 채 가시지 않은 상황이었지만 바로 수운회관으로 달려가 가벼운 마음으로 교수님의 『주역』 강의를 들었다. 모두 한자로 쓰여 있는 『주역』 책으로 진행되는 첫 수업을 들으니, 내 머릿속은 온통 하얗게 되었다. 주역의 체계, 주역을 누가 만들었고, 괘나 효가 무슨 뜻인지도 모른 채, 용감하게 주역 수업에 도전한 당연한 결과였다. 한숨 섞인 자책이 저절로 나왔다. 하아! 주역이 너무도 큰 벽으로 느껴졌다.

이후 이탈리아 여행을 마치고 돌아와 6월부터 본격적으로 주역 강의에 참석했다. 그때, 32번째 괘인 항(恒: ䷟)괘를 다루었다. '뇌풍항(雷風恒: ☳+☴)'이었다. 언제나 한결같고 변함이 없다는 의미이다. 깊은 뜻이나 이치를 고민하지 않고, 주역을 배우겠다는 초심을 잃지 말고 한결같이 마음으로 배움에 전념하라는 의미로 받아들였다. 이후 1주일 가운데 강의 있는 월, 화, 목요일은 모든 약속을 뒤로 하고, 하루도 빠지지 않고 꾸준히 강의에 임했다. 신명(神明)이 통한 것인가? 이제는 강의 내용도 제법 많이 이해할 수 있게 되었다. 항(恒)괘가 지시하는 대로, 인간은 같은 일을 꾸준히 되풀이하는 과정에서 진화하고 성장한다.

인간은 끊임없는 변화 속에서 생을 영위한다. 나는 지난 6월 말, 두 번째 대만 여행을 다녀왔다. 1년 전에 같은 장소에서 같은 자료를 보면서 느꼈던 생각의 폭과 깊이가 달라졌다. 그동안 노력하고 배운 보람이 있었다. 이것이 진화이고 성장인가! 그렇게 느껴진다. 지난 1년 동안 주역과 노자도덕경 등, 동양의 인문학을 배우기 위해 흘렸던 땀과 정성이 결코 헛되지 않았다!

현재, 한국의 경기가 대단히 좋지 않다. 2024년 6월 말 기준, 법원 통계자료에 따르면 법인파산과 개인회생 접수 건수가 사상 최고치를 나타내고 있다. 회사나 개인 모두 생존을 보장받을 수 없는 무한경쟁의 사회 환경이 지속되고 있다. 이런 상황에서는 필요한 공부를 하여 변화의 흐름을 읽고, 시의적절한 대응과 도전, 그리고 변신이 필수적으로 요청된다. 『주역』 「계사하전(繫辭下傳)」에서도 "궁즉변(窮則變), 변즉통(變則通), 통즉구(通則久)"라고 하였다. 모든 것은 궁극에 이르면 반드시 변하게 되어 있고, 변하면 그 무엇과도 통하게 되며, 한번 통하면 그 선상에서 영구하게 된다! 짧은 시간이지만 다시 돌아보니, 『주역』은 동양 인문학의 보고(寶庫)이고, 주역 공부는 변화하는 상황을 일깨워주고 그에 맞게 변화하도록 만들어 줌으로써, 궁극적으로는 나를 지켜주는 인생 학문이다. 이제는 주역 책을 늘 곁에 두고 읽게 된다. 대만 여행에서 시작된 주역 공부가 회사 경영에도 많은 도움이 되고 있다. 더욱 공부하여, 기회가 되면, 내 인생 경험을 바탕으로 주역의 각 괘에 대한 생각을 글로 펼쳐보고 싶다.

주역이 달아준
내 마음의 주련

김연희

우연한 기회에 주역을 공부하면서 10년 후 삶에 대해 생각하게 되었다. 10년 뒤에는 배워서 남 주는 삶을 살기 바라며 공부하고 있다.

옛글 속의 지혜

"일생동안에 가장 먼 여행은 바로 '머리에서 가슴까지의 여행'과 '가슴에서 발까지의 여행'이다!" 『처음처럼』의 첫머리에 쓰여 있는 이 구절을 보고, 한 동안 신영복 선생의 책들을 찾아 읽었다. 그리고 『주역』이라는 이름을 달고, 그 공부를 하게 된 계기 또한 『처음처럼』이라는 책 때문이었다. 신영복 선생은 책에서 다음과 같이 말했다.

"궁즉변(窮則變), 변즉통(變則通), 통즉구(變則久)! 『주역』사상의 핵심입니다. 궁극에 이르면 변화하고, 변화하면 열리게 되고, 열려있으면 오래간다는 뜻입니다. 양적 축적은 결국 질적 변화를 가져오며, 질적 변화가 막힌 상황을 열어줍니다. 그리고 열려있을 때만이 그 생명이 지속됩니다. 부단한 혁신이 교훈입니다."

책을 읽었을 당시, 내 나이 서른다섯이었다. 무엇이 그리 답답했을까? 글에 담긴 온전한 의미보다, '통(通)'할 수 있다는 말이 나에게는 그저 '통달'할 수 있다는 유혹으로 읽혔다. 『주역』속에는 그 '통달'의 진리가 가득 담겨 있을 것만 같았다. 그 정도 갈증이었다면, 한걸음에 달려가 당장 한문의 기초로 생각되는 『천자문(千字文)』부터라도 공부해 나가는 것이 맞았다. 하지만, 아이를 키우는 일에 내 게으름을 얹고, 『주역』이라는 이름은 마음 한켠에 남긴 채 시간을 보냈다. 2023년, 아이는 성인이 되었다. 이젠 자식 농사에서 자유로워진 것일까? 그 동안 미뤄두었던 공부를 할 수 있는 시간 여유가 생겼다.

『주역』을 공부하면서 즐거움은 이전에 알고 있던 내용을 꼼꼼하게 다시 읽는 것이었다. 그럴 때마다 속에 담긴 의미를 조금 더 깊이 공감하는 계기를 발견하곤 했다. 1785년 조선 정조 때의 학자 유한준(1732~1811)은 말했다. "지즉위진애(知則爲眞愛), 애즉위진간(愛則爲眞看), 간즉휵지이비도휵야(看則畜之而非徒畜也)-알면 진실로 아끼게 되고, 아끼면 진실로 보게 되며, 보면 안목이 길러지니 헛되이 길러지는 것이 아니다!" 참 의미심장한 배움의 자세이다. 이런 태도로『주역』을 통해 옛글을 만났다. 매주 공부하다 보니 옛글 속 지혜가 켜켜이 쌓이는 느낌이다.

함녕전을 휩싸고 도는 슬픔

나는 서울 한복판에 자리 잡은 덕수궁(德壽宮)에서 15년을 훌쩍 넘겨 가며 '궁궐해설' 자원봉사활동을 하고 있다. '10년이면 강산도 변한다!'라고 하지 않았던가! 시간이 쌓여가는 만큼, 궁궐해설 활동이 이제는 자원봉사가 아니라 '소명(召命)'처럼 여겨진다. 궁궐해설을 하다 보면, 자연스럽게 궁궐의 전각(殿閣)에 붙어 있는 현판(懸板)과 주련(柱聯)을 자주 보게 된다. 덕수궁에는『주역』에서 빌려와 이름을 붙인 전각과 문이 4개가 있다. 그동안 각 전각에 붙은 이름이『주역』에 근거한 내용인 줄은 들어서 알고 있었지만, 앞뒤의 흐름이나 전체적인 의미는 자세히 알지 못했다. 그런데 이게 웬일인가?『주역』강의가 지식을 배가시켜주었다. 현판의 글자 뜻은 물론, 전체 문장을 배우면서 앞뒤 맥락까지 파악할 수 있는 행운이 다가왔다.

하하하! 이게 공부의 묘미 아닌가!『주역』강의를 통해 알게 된 덕수궁 현판의 의미를, 궁궐해설을 담당하고 있는 내가 직접 알게 되다니, 이게 진정 명실상부(名實相符)한 일 아닌가! 하하하! 정치, 교육, 외교의 중심지인 정동에 위치한 덕수궁은 대한제국(大韓帝國) 시기에 사용된 궁궐이다. 현재 남아있는 공간 가운데 4개의 건축물, 즉 '함녕전(咸寧殿)', '중명전(重明殿)', '광명문(光明門)', '용덕문(龍德門)'이 『주역』에 담겨 있는 내용을 가져와 그 이름으로 삼았다. 먼저 함녕전은 대한제국 시기 황제였던 고종이 생활하던 공간으로 덕수궁의 주요 전각 중 하나이다. '함녕(咸寧)'은 『주역』〈건(乾: ☰)괘 단사(彖辭)에서 찾을 수 있다.

"위대하다. 건원이여! 만물이 의뢰하여 시작하니, 이에 하늘을 통합하였도다. 구름이 가고 비가 내려 만물이 형체를 갖춘다. 시작과 끝을 크게 밝히면 여섯 자리가 때에 따라 이루어지니, 때로 여섯 용(龍)을 타고 하늘을 날아다닌다. 건도(乾道)가 변하여 되어감에 각각 성명(性命)을 바르게 하니, 대화(大和)를 보합(保合)하여 이를 곧게 함이 마땅하다. 만물에서 으뜸으로 나오니 모든 나라가 모두 평안하다.(大哉, 乾元. 萬物資始, 乃統天. 大明終始, 六位時成, 時乘六龍, 以御天. 乾道變化, 各正性命, 保合大和, 乃利貞. 首出庶物, 萬國, 咸寧.)"

여기에서 가장 마지막에 나오는 '모두 평안하다'가 바로 한자로 '함녕(咸寧)'이다. 함녕전은 1897년에 만들어진 전각이다. 당시 전후의 상황을 고려해보면, 모두가 평안하길 바라는 마음이 간절했으리라. 하지만 아이러니하게도 함녕전은 덕수궁 내에서 가장 사건 사고가 많은 전각 가운데 하나이다. 이곳은 1904년 덕수궁의 주요 전각이 모두 소실되는 큰 화재의 발화지점이기도 하고, 1919년 1월 21일, 대한제국의 마지막 황제인 순종의 아버지, 즉 황제 자리에서 물러한 후, '태황제(太皇帝)'가 된 고종이 머물다 일생을 마감한 장소이기도 하다. 일본 식민지의 무단통치가 극에 달하던 시기, 고종은 함녕전의 협실(夾室-임금이나 황제의 거처가 아닌 상궁들이 사용하는 공간)에서 승하하였다. 이는 고종이 독살당했을 것이라는 소문을 낳았고, 결국은 1919년 3.1독립만세운동의 기폭제로 작용하게 된다. 그런 만큼, 이곳을 해설할 때마다, 그 이름이 더욱 슬프게 다가온다.

밝음이 어둠으로 갈 때

다음으로 '중명전'은 궁궐 바깥에 위치하고 있다. 덕수궁의 후문으로 나와 정동 길을 걷다 보면 정동교회 맞은편에 정동극장을 볼 수 있다. 이 뒤편에 있는 서양식 건물이 바로 중명전이다. 원래 이름은 '수옥헌(漱玉軒)'이었다. 궁궐 안에 왕의 서책이나 귀한 자료 등을 모아 둔 전각이기에 '옥(玉)'자가 붙었다. 경복궁의 '옥을 모으다'는 뜻을 지닌 집옥재(集玉齋)와 '옥을 닦는다.'는 뜻의 수옥헌이 대표적인 궁궐 내 도서관이었다. 당시 책과 지도 등 각국에서 모은 자료가 국가경영에서 귀한 물건임을 살펴볼 수 있다. 황실의 도서관이었던 수옥헌은 1904년 덕수궁 화재 시 고종이 급히 거처를 이곳으로 옮겼고 이때 중명전이라는 이름으로 바뀌었다.

'중명(重明)'은 『주역』〈이(離: ☲)괘 단사(彖辭)의 내용이다. "이(離)는 붙어 있다는 뜻이다. 해와 달이 하늘에 붙어 있고, 온갖 곡식과 초목이 땅에 붙어 있으니, 거듭 밝음으로, 바름에 붙어서, 세상을 교화하여 이룬다.(離, 麗也. 日月, 麗乎天, 百穀草木, 麗乎土, 重明, 以麗乎正, 乃化成天下.)'라는 의미에서 '광명이 계속 이어져 그치지 않는다.' 또는 '해와 달'이 붙어 있음을 의미한다. 교수님은 강의에서 수시로 강조하였다. '역(易)'이라는 글자는 해(日)+달(月), 즉 하늘의 형상이 움직이는 질서의 체계이다! 그 내용이 그대로 현판에도 사용되었다. '중명(重明)!' 거듭 밝다! 이런 의미를 깨달으면서 현판을 볼 때마다 즐거움을 넘어 뿌듯한 자긍심이 우러나온다. 중명전은 문자 그대로의 '거듭 밝음'처럼, 정말 밝고 행복한 일들만 거듭 생길 것을 고려했듯이, 붉은색 벽돌로 지어진 전각이다. 하지만 안타까운 역사의 현장이기도 하다. 1905년 을사늑약(乙巳勒約)의 체결로 대한제국의 외교권이 일제에 빼앗기는 사태를 맞은 비운의 장소이다. 국내외 정세를 제대로 살피지 못하고, 그저 태평성대와 부국강병만을 바라는 욕심이 지나쳤던 건 아닐까? 『주역』의 글귀를 가져와 건축물에 생명을 불어넣었건만, 기대와 달리 격동의 사건만 생겼다. 이 또한 물극필반(物極必反)의 주역이 던지는 사유일 뿐인가? 안타까운 마음에 괜한 핑계만 찾아본다.

광명에서 용의 덕으로

위에서 간략하게 살펴본 두개의 건물 외에, 덕수궁에서 『주역』과 관련한 건축물로 두 개의 문이 있다. 그 가운데 하나는 함녕전의 외삼문, 즉 전각을 둘러싼 가장 바깥 대문인 '광명문'이다. '광명(光明)'은 『주역』〈겸(謙: ䷠)괘 단사(彖辭)에 그 개념이 기록되어 있다. "겸손은 형통하고 했는데, 하늘의 도리는 아래로 내려와 교제하여 빛나서 밝고, 땅의 도리는 낮아서 위로 행한다. (謙亨, 天道下際而光明, 地道卑而上行.)" 이 가운데 '광명'의 의미가 자리잡고 있다.

또 다른 문은 궁궐의 동서를 나누는 중간 즈음에 위치한 '용덕문'이다. 이는 『주역』〈건(乾: ䷀)괘 문언전(文言傳)에 그 내용이 담겨 있다. "초구에 이르기를 '못에 잠겨 있는 용(龍)이니 쓰지 말라'는 것은 무슨 뜻인가? 공자가 말하였다. '용의 덕을 가지고 있으며 은둔한 자이니, 세상에 따라 바뀌지 않는다. 명성을 이루려 하지 않고 세상을 숨어 살면서도 답답함이 없으며, 옳게 보지 않아도 불평함이 없다. 즐거우면 행하여 가고, 근심스러우면 행하지 않으며, 확실히 뽑아낼 수 없으니 은둔한 용이다. (初九日, 潛龍勿用, 何謂也. 子日, 龍德而隱者也, 不易乎世, 不成乎明, 遯世无悶, 不見是而无悶, 樂則行之, 憂則違之, 確乎其不可拔, 潛龍也.)"

여기서 '용덕'은 왕의 덕, 즉 제왕의 덕을 상징한다. 옛날부터 궁궐은 한 나라를 다스리는 통치자가 있는 곳이다.

때문에 다니는 문조차도 가벼이 넘기지 않고, 제왕이 갖춰야 할 덕성과 결부하여 의미를 부여하고 있다.

이 외에도 지금은 없지만 '태극전(太極殿)'이란 전각의 이름 또한 『주역』「계사상전」의 내용이다. "역(易)에는 태극이 있어, 이것이 양의를 낳고, 양의는 시상을 낳고, 사상은 팔괘를 낳는다.(易有太極, 是生兩儀, 兩儀生四象, 四象生八卦.)!" 태극은 천지가 분화되기 전에 원기가 섞여 하나인 것이니 바로 태초이다. 그 태극의 원기가 응집한 곳에서 황제가 된 고종은 대한제국을 선포한다. 전각의 이름과 역사적 사건이 기가 막히게 들어맞는 현장이다.

내 마음의 주련

사람이건 건물이건 '이름을 붙인다'는 것은, 그 이름을 붙이는 만큼, 대상을 향한 바람과 기대, 그리고 정체성이 더하여 '그것다움'이 만들어지는 과정이다. 주역의 의미가 담긴 덕수궁의 문과 전각들을 통해 이전에 미처 살피거나 생각하지 못했던 것을 깨닫는다. 함녕전에서는 모두가 평안하길 바라는 기도, 중명전에서는 밝음, 즉 나라의 경사가 그치지 않고 계속되길 바라는 희망, 광명문은 단지 존귀한 문인가 생각하겠지만 되레 안과 밖의 교화를 꿈꾸는 의지와 다짐, 공간의 경계가 되는 문에는 제왕의 덕을 깨우치는 경계가 엄중하게 보인다.

21세기를 사는 지금의 사람들도 각자의 삶 속에 현판과 주련을 가지고 산다.

　'착하게 살자!', '부귀와 건강', '최선을 다하자!' 등, 수많은 다짐의 말들은 옛 선현들이 현판을 달며 염원했던 열정의 소리에 다름 아니다. 시대가 바뀌어, 최첨단 기술 문명을 공고하게 만들어 가지만, 사람들의 염원은 그 보편성만큼이나 시대를 관통하며 공감을 불러일으킨다. 궁궐이 좋아서, 궁궐을 더 자세히 알고 싶어서, 시작한『주역』공부였다. 그런데 시각이 달라지고 깨우침의 질이 새롭게 다가선다. 이제『주역』을 통해, 궁궐과 더불어 그 시대와 생각에 다가가고, 거기에 가까워질수록 그 가르침이 묵직하게 마음에 새겨지고 있는 중이다.『주역』강의의 막바지에 이르러, 역의 의미를 한 번 더 복기하며, 앞으로의 기대를 담는다. 내 마음에 주단이 아닌 주련 하나를 달아보고 싶다.

바람의 노래,
변화의 책

김
종
민

경영지도사. 중견기업 인사노무팀장. 28년간 샐러던트를 병행하며 버티기를 즐긴다. 경영컨설턴트를 목표로 컨설팅학 박사과정에 있다. 산과 바다, 책과 글 그리고 사람과 어울리는 삶을 아끼고 사랑한다. 특히 꼬레아아테나고등교육원 주역반 초대 반장은 진정 가문의 영광이다.

삶이 나를 속일 것 같은 시간들

2009년, 마흔 무렵의 일상은 여지없이 불안했다. 외환위기에 버금가는 세계적인 금융위기로 경기에 민감한 기업부터 경영사정이 불안해졌다. 기업이 어려워지면, 회사원들은 매일 살얼음판 위를 걷는 것과 같은 삶의 위기를 느끼게 마련이다. 대안이 필요했다. 인사관리와 노무업무의 경험을 살려 공인노무사 자격 취득을 준비했다. 새벽에 종로 파고다어학원에서 토익공부를 하고, 출근해서 정신없이 밥벌이를 했다. 저녁에는 다시 종로YMCA에 있던 법학원으로 향했다. 6개월 동안 정신없는 쳇바퀴 생활이었다. 당장의 호구지책이 필요한 주경야독(晝耕夜讀) 샐러던트에게 결과는 냉정했다. 큰 걸음이 필요한데, 잰걸음으로 뒤만 쫓았으니, 결과는 합격과 불합격 사이에서 어떻게 될지 가늠하기 힘들었다. 2009년 카이로스(Kairos)의 시간을 기대했으나 불합격이라는 결과와 함께 크로노스(Chronos)의 시간으로 끝났다.

그로부터 10년의 시간이 흘렀다. 2019년, 내 나이 지천명(知天命), 쉰 살이 되었다. 대한민국 직장에서 나이 50이 되면, 여지없이 퇴출에 대한 불안을 달고 산다. 대기업이 아닌 중견기업이라는 애매한 포지션에서 40대의 팀장들과 60대의 본부장 사이에 낀 50대 부서장은 주역의 하괘(下卦) 3효(三爻) 정도의 자리이다. 신입사원 때 겪은 외환위기의 상처는 아물었지만, 아이들 크는 속도보다 더 빨리 늘어나는 흰머리처럼 조바심만 커졌다. 점점 머리가 빠져가는 친구들의 속 알머리 없는 머리를 보면 왠지 모를 울화통이 치밀기도 했다. 화병(火病)인가? 역시 대책이 필요했다.

수험생의 비극과 희극 사이

대책이긴 했지만, 비책은 아니었다. 25년 인사노무 경험을 살려 전문컨설턴트로 사회에 기여해보자는 뜻을 세웠다. 2019년 경영지도사 자격증 취득을 준비했다. 기존의 생활 패턴을 바꿨다. 업무가 끝나면 의례적으로 모여 화풀이하던 일을, 의도적으로 회피했다. 그랬더니 의외로 속이 풀렸다. 역발상이 도움이 되었다. 그렇게 다시 바쁜 샐러던트가 되었다. 동영상으로 1차 시험과목을 학습하고, 기출문제를 반복해서 풀었다. 운 좋게 익숙한 문제들이 많이 보였다. 가까스로 턱걸이로 통과했다. 문제는 2개월 뒤에 치러질 2차 논술형 시험이었다. 필기구만으로 스무 장이나 되는 답안지를 빠르게 채우려면 내공이 필요했다. 세상에 쉬운 게 없다는 생각이 들었다. 무정하게 시간이 흐르고, 2차 유예 시험까지 치뤘다. 시간 부족과 긴장 속에서 낑낑대다보니, 아는 내용도 풀지 못했다. 목차조차 제대로 쓰지 못하고 여백이 많은 답안지를 제출했다. 결과는 합격 점수에 1점이 부족했다. 그때 알았다. 나도, 그저 그렇게, 수많은 합격과 불합격의 경계선 위에 서 있는 많은 수험생 중 한명일 뿐이구나!

 2021년, 코로나 시국이 또 다시 생활을 바꾸어 놓았다. 습관적으로 이루어지던 일상이 갑자기 무너졌다. 정시 퇴근이 당연했고 술자리도 빠르게 사라졌다. 세상이 잠시 멈춘 듯 고요했다. 1차부터 차근차근 대비해 한 번에 합격하리라 다짐하면서 다시 시험을 준비했다. 그런데 객관식 시험과 동시에 주관식 시험까지 준비해야 하는 것이 부담이 되었다. 피를 말렸다. 그런데 아이러니하게도 일상적으로

착용해야 하는 마스크가 조바심을 숨기기에 안성맞춤이었다. 호기(豪氣)를 부리면서도 늘 불안했던 눈빛은 어느 덧 날카로운 시선으로 바뀌어 책으로 향했다. 침묵 속에서 나도 내가 낯설다는 생각을 했다. 크로노스의 시간은 이번에도 여지없이 찾아왔다. 나는 최선을 다했다. 다행히 결과가 좋았다. 6.5점이 넘는 고득점으로 무난히 합격했다.

인연이 열정을 낳을 때

모든 존재는 인연의 바다를 헤엄치기 마련이다. 누군가와 맺어진 인연이 귀하고, 그 사랑의 온기가 소중하다면, 인연은 다시 맺어지기 마련이다. 전부터 알고 지냈지만 우연하게 인사동 수운회관에 자리잡은 꼬레아 아테나 고등교육원의 〈여행 글쓰기〉 강좌를 통해, 다시 만난 박 선생님과의 인연도 그랬다. 마냥 사람 좋은 인상과 편안한 유머가 좋아서 사석에서는 박 선생님을 형님이라고 부른다.

〈여행 글쓰기〉가 끝나갈 무렵 〈동양고전〉 강좌가 열렸다. 『주역』 특강이었다. 수운회관은 동학 정신을 이어받은 천도교 중심 공간이다. 장소적 특성으로 보아도, 이곳에서 『주역』 강좌가 진행되고 있다는 상징성은 충분해 보였다.

그렇게 2022년 7월, 『주역』 강좌를 통해 시작된 그 뜨거운 열기(熱氣)는, 원형이정(元亨利貞), 춘하추동(春夏秋冬), 인예의지(仁禮義智), 동서남북(東西南北)과 같은 문장을 만나면서 열정(熱情)으로 이어졌다. 인간 세상의 동질적이면서도 이질적인, 변화의 모습이 내 삶 속으로 다가오는 순간이었다.

진덕수업(進德修業)의 가르침

"말할 수 없는 것에 관해서는 침묵해야 한다!" "내 언어의 한계는 내 세계의 한계이다." 비트겐슈타인의 유명한 명언이다. 내 삶에 주역적 사고가 일상으로 자리 잡으면서, 저 화두 같은 언표에 조금씩 의미를 보태며 마음에 새기게 될 줄이야! 생각이나 했겠는가? 어쩌면 『주역』과의 만남이 기존의 내 삶을 방해했는지도 모른다. 산산이 부서져버린 과거 나의 일상이여! 허허허.

『주역』 특강에서 신 교수님과의 첫 대면이 아직도 생생하다. 수업을 마치고 낙원상가 뒤쪽 허름한 골목길 안쪽에 자리한 교수님의 오랜 막회 단골집에서 뒤풀이를 하면서 조심스럽게 물었다. "주역, 그거 점(占)보는 책이잖아요. 어떤 내용으로 어떻게 강의하시나요?"

교수님 왈, "꽥! 저런 무식자 소릴 하다니! 제대로 알고 얘기를 해야지. 김 선생! 주역을 제대로 공부해야겠습니다. 하하!"

나는 물러서지 않고 다시 여쭤보았다. "혹시 주역의 핵심만 간단하게 요약정리 해 주실 수 있으신지요?."

내 질문에 교수님이 진지하게 답변하셨다. "우주 만물의 원리와 이치를 깨닫고, 자연과 인간 사회를 알아가는 게 어디 쉽겠소? 상당한 시간이 필요합니다. 그에 관한 탐구들, 즉 우주 자연과 인간 사회, 세상에 관한 공부를 해야지요. 허허허!"

그렇게 이야기를 이어가며, 알려주신 글귀가 '진덕수업(進德修業)!', 이 네 글자이다.

그날 이후, 바쁜 시간을 쪼개어 꾸준히『주역』수업에 참여했다. 그런데 이게 웬일인가?『주역』공부를 함께 하는 학우들의 면면이 놀라웠다. 이력이 보통을 넘어 화려할 정도였다. 아직 현직에서 일하거나 대학에서 강의를 하는 분들도 더러 있었지만, 퇴직자나 전직 기업체 대표도 많았다. 그분들이 삶을 대하는 자세나 학구열만으로도 나한테는 삶의 지혜이자 가르침이었다. 그 뒤로도 수업 2교시를 마치고 매번 근처 단골 주막으로 자리를 옮겨 뒤풀이(우리는 3교시라고 불렀다)를 하며 수업 시간에 미처 못다 한 주역 이야기를 나누곤 했다. 그 '주술(酒術)'의 시간이 지금도 잊히지 않는다.

더닝 크루거 곡선과 세 차원의 인생

'더닝-크루거 곡선(Dunning-Kruger Curve)'은 인간의 심리학적 현상을 일러주는 곡선이다. 사람들이 자신의 능력이나 지식을 과대평가하거나 과소평가하는 경향을 설명해준다. 심리학자 데이비드 더닝(David Dunning)과 저스틴 크루거(Justin Kruger)가 1999년에 제안했다. 이들의 연구에 따르면, 사람들은 특정 기술이나 지식이 부족할 때, 자신의 능력을 과대평가하는 경향이 있고, 반대로 숙련도가 높아질수록 자신의 능력을 과소평가하는 경향이 있다고 한다. '무지의 봉우리(Peak of Mount Stupid)'와 '절망의 골짜기(Valley of Despair)', '안정의 고원(Plateau of Sustainability)'으로 변별되는 인간의 상황을 보면, 이해하기 쉽다.

'무지의 봉우리' 차원에서 보면, 능력이나 지식이 부족한 사람들은 자신의 능력을 지나치게 높게 평가하고, 자신이 잘못된 결정을 내리거나 오류를 범했을 때조차도 그것을 인지하지 못하는 경우가 많다. 무지(無知)가 원인이다! '절망의 골짜기'는 자신의 한계를 인식하게 되면, 사람들이 갑자기 자신의 능력을 과소평가하게 된다는 것이다. 자신이 모르는 것이 많다는 사실을 깨닫고 좌절감을 느끼기도 한다. 이후 더 많은 경험과 학습을 통해 자신의 능력에 대한 이해가 깊어지면, 점차 자신의 능력을 정확하게 평가할 수 있게 된다. 이때는 과거보다 겸손하고 현실적인 태도를 가지게 된다. '안정의 고원' 차원에서 보면, 충분히 숙련된 상태에서는 자신의 능력을 객관적으로 평가할 수 있다. 자신의 강점과 약점을 명확하게 인식하며, 지속적인 개선을 위해 노력한다. 이 '안정의 고원'이, 『주역』이 괘를 통해 나타내는 6효의 의미와 다르지 않다.

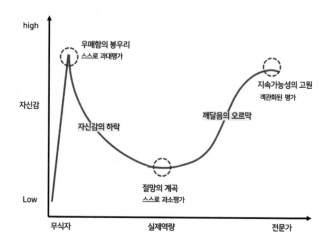

자신감

Low

우매함의 봉우리
스스로 과대평가

자신감의 하락

지속가능성의 고원
객관화된 평가

깨달음의 오르막

절망의 계곡
스스로 과소평가

무식자　　　　실제역량　　　　전문가

하인리히의 법칙과 사고 대비

'하인리히의 법칙(Heinrich's law)' 또는 '1:29:300의 법칙'은 인생에서 대형 사고에 관한 연구결과를 다룬 것이다. '어떤 대형 사고가 발생하기 전에는 동일한 원인으로 수십 차례의 경미한 사고와 수백 번의 징후가 반드시 나타남'을 뜻하는 통계적 법칙이다. 유사한 법칙을 제창한 버드와 로프터스 및 애덤스의 법칙을 묶어 '사고의 삼각형(accident triangle)' 또는 '재해 연속성 이론'이라고도 한다. 이 법칙은 안전사고뿐만 아니라 전쟁에도 적용된다. 인간의 삶에는 이 하인리히 법칙이 있게 마련이다. 매사, 원인과 결과 사이에 수많은 기미(幾微)가 있다. 이런 점에서 5천년의 지혜가 담긴『주역』이 그 교본일지도 모른다.

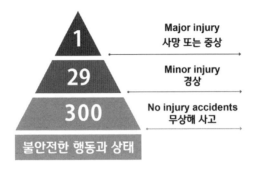

'안전 불감증', '깨진 유리창의 법칙', '불편한 진실과 흑조 이론(Black Joy Theory)'에 이르기까지, 우리는 수많은 오류와 실수를 반복한다. '소 잃고 외양간 고치기'식의 일상을 오늘도 살아간다. 그전 위험한 시간을 순환한다. '도미노 이론'의 경우에도 사고는 연쇄적으로 일어난다고 한다. 그 사고를 일으키는 사람은 바람직하지 못한 특성을 가졌다. 그러한 특성이 개인적 결함으로 성장하고, 불안전한 상태와 맞물려 불안전한 행동을 유발한다. 사고는 그렇게 발생한다. 이 모든 사고의 결과는 재해(災害)·재앙(災殃)을 낳는다. 그래서일까? 첫 수업 시간부터 신 교수님은 강조하셨다. "『주역』 공부의 시작은 '겸손(謙遜)'과 '겸양(謙讓)'에서!"

메타인지의 사고

'메타인지(Meta-cognition)'는 자신의 사고 과정을 인식하고 조절하는 능력을 말한다. 이는 '생각에 대한 생각

(thinking about thinking)'으로 정의된다. 개인이 자신의 학습 과정, 이해도, 문제해결 전략 등을 자각하고 조정할 수 있는 능력을 포함하는 개념이다. 때문에 학습과 문제해결의 효율성을 높이는 중요한 요소로 간주된다. 이런 차원을 달리 생각하면, 『주역』의 사유와 다르지 않다. 메타인지는 크게 두 가지 주요 요소로 구성된다. 하나는 '메타인지적 지식(Meta-cognitive Knowledge)'이고 다른 하나는 '메타인지적 조절 (Meta-cognitive Regulation)'이다. 메타인지적 지식은 '절차적 지식'과 '조건적 지식', 그리고 '명시적 지식'을 말한다. '절차적 지식'은 특정 과제를 수행하기 위한 절차나 전략에 대한 지식이고, '조건적 지식'은 특정 전략이나 방법을 언제, 왜 사용하는지에 대한 지식이다. 그리고 '명시적 지식'은 자신의 학습 능력, 한계, 강점, 약점에 대한 인식을 뜻한다. 메타인지적 조절은 학습 목표를 설정하고 적절한 전략을 선택하는 '계획(Planning)', 학습 진행 상황을 점검하고 자신의 이해도를 평가하는 '모니터링(Monitoring)', 그리고 학습 결과와 사용된 전략의 효과성을 평가하고 필요한 경우 수정하는 '평가(Evaluating)' 과정으로 구성된다.

이러한 메타인지는 자신이 무엇을 알고 무엇을 모르는지를 파악하여 필요한 부분에 집중할 수 있다. 따라서 적절한 학습 전략을 선택하고 조절함으로써 학습 효과를 극대화할 수 있다. 『주역』도 64개의 괘와 384개의 효에 이런 메타인지적 해소법을 담고 있다고 판단된다. 64괘는 이 효들의 조합으로 자연 현상, 인간 사회, 개인의 상황 등을 상징한다. 공자가 집필했다고 알려진 『주역』 해설서 「십익(十翼)」에도 그런 특징이 잘 드러난다. 어쩌면, 동양의 전통사회에서 메타인지를 확장하는 만학의 제왕이 『주역』이 아닐까?

경영을 통찰하는 가치

다시 강조하면, 『주역』은 동양철학의 정수로, 변화와 조화를 중시하는 깊은 통찰을 제공하는 '진덕(進德)'의 가치가 있다. 반면, 경영학은 조직과 사업 운영의 효율성을 추구하는 '수업(修業)'의 학문이다. 이 두 영역이 만날 때, 경영학에 새로운 통찰과 혁신적 접근법을 제시할 수 있다! 그래서 그랬는지, 『주역』의 원리를 경영학적 맥락에서 재해석하고, 이를 실제 경영 실무에 적용하는 방안을 모색하는 경영컨설턴트가 되고자, 한 단계 도약하는 변화를 시작했다.

주역의 철학적 원리와 개념은 어느 것 하나 경영에 통하지 않는 게 없을 정도이다. 주역의 중심 원리인 음(陰: --)과 양(陽: —)의 조화처럼, 경영에서도 균형과 조화가 무엇보다 중요하다. 또한 시장 변화에 유연하게 대응하고, 지속적인 혁신을 추구하는 전략은 주역의 논리와 일맥상통한다. 효(爻)마다 강조하는 리더십과 유연한 의사결정, 그리고 조화로운 해결책을 찾는 것도 의미 있는 접근이다.

나의 전공분야인 인사관리 측면에서도, 『주역』의 사유는 실무적 시사점을 제공한다. 적재적소에 인재를 배치하고, 직원의 역량을 최대한 발휘할 수 있도록 지원하는 작업이 그것이다. 단기성과보다는 장기적 잠재력을 평가하는 평가기법 개발에도 『주역』의 사유가 이입될 수 있다. 조직적 측면에서 조직 변화를 꾸준히 실천하고, 유연한 조직 문화를 만들어 갈 필요가 있기 때문이다. 노사관계 측면에서 『주역』적 사고는 상호 이해와 협력을 통해 갈등을 해결하고, 조화로운 관계를 유지하라는 것이다. 그 구체적인 사례가 『주역』의 괘와 효의 곳곳에서 감지된다. 놀랍지 아니한가?

다시, 또 다시 할 일들

지난 해, 가장 아쉬운 일은, 건강상의 이유로, 『주역』 공부를 중도에 멈춘 일이다. 오십 중반이 되면서 신체리듬이 바뀌는 시기인지라, 몸이 이상 신호를 보내왔다. 건강도 챙겨야 할 시기가 되었던 것이다. 그렇게 몸을 추스르면서, 다시 내 삶에 울려 퍼지는 바람의 노래와 새로운 변화의 시작이 있었다. 그것은 컨설팅학 전공의 박사과정 연구로 이어졌다.

아직은 모르겠다. 이 모든 인생의 일들이 잘 하고 있는지? 잘 살고 있는지? 제대로 하고 있는 것인지? 사는 동안 앞으로도 수많은 일이 기다리고 있으리라. 분명히 어려움이 있을 것이고 나는 또 다시 궁굼해질 것이다. 그때 다시 변해서 찾으면 통할 것이고, 그렇게 시간이 흘러 새로운 편안함에 이르게 될 것이다.『주역』에서 말한 그대로, "궁즉변(窮則變), 변즉통(變則通), 통즉구(通則久)!"가 아닌가? 이런 역의 원리를 나는 깨달았다.

그래서 다시 해 보려고 한다.

첫째, 올해 남은 기간 동안 '하지 말아야 할 일 목록'을 작성할 것이다.

둘째, 매일 하루를 끝낼 때, 나의 성취 세 가지를 기록하여 얼마나 변화했는지 확인하는 습관을 기를 것이다.

셋째, 주말 오후 2시에 '어떻게'가 아닌 '왜'에 대하여, 스스로 대화를 나누고, 스승에게 가르침을 받을 것이다.

넷째, 매일 오후 2시에 15분간 산책 시간을 정해, 팀에게 모범을 보이는 선배가 될 것이다.

다섯째, 10년 후인 2034년, 내가 현재의 나에게, 어떤 삶의 모습을 권고할 지를 고려하여, 지금 과감하게 행동할 것이다.

이런 차원에서,『주역』은 나에게, '지나간 바람의 노래'이자 '다가오는 변화의 책'이다.

되돌아온 삶,
다시 시작하는 연가

김
춘
임 전 국민은행 여성동우회 회장. 빛나던 젊은 날을
국민은행과 함께 보냈다. 사람과 여행을 좋아해 퇴
직 후에도 오래된 인연과의 만남을 이어가고 있다.
지금도 늘 여행을 꿈꾼다.

시작은 여행인문학이었다

핸드폰에 문자 메시지가 떴다. 일상이 단조롭게 느껴
져 마음속에 변화의 욕구가 자라고 있을 때 몇 번 참여했
던 '쏙쏙 인문학 기행'에서 보낸 문자였다. '여행인문학+여
행글쓰기'라는 주제로 강의가 진행된다는 안내문이었다.
평소에 여행을 좋아하기에, 시간이 날 때마다 길을 나서는
것을 마다하지 않는, 나 아닌가? 즐거운 비명이 터졌다.
'유통기한을 늘이는 여행인문학'이라는 주제가 나를 강

렬하게 잡아당겼다. 쉽고 재미있게 수업을 진행하는 박일호 교수님! 그 여덟 번의 강의를 듣는 동안, 그렇게 열심히 삶을 살아내는 인생들 속에 속해 있다는 사실만으로도 나는 아주 행복했다. 어쩌면, 놀기만 한다는 생각으로 가득했던 내가, 강의를 통해, 탐구하는 자세로 치열하게 삶을 살아내고 있는 젊은이들을 금요일마다 만나는 것은 참으로 신나는 일이었다. 한때는 나 또한 반짝이는 젊은이 아니었던가!

주역 공부의 시작, 근심걱정 해소

그 여행글쓰기 강의가 끝나갈 무렵, 〈코레아아테나고등교육원〉에서 곧 시작될 『주역』강의〉에 대한 안내가 있었다. 여행인문학 강의가 너무 좋아서였을까? 『주역』특강도 참여하고 싶은 마음이 자연스럽게 들었다. 하지만 심각한 고민에 빠졌다. 아무런 기초 지식도 없는데, 그 많은 한자를 어떻게 읽고, 어찌 해석해 낼 수 있을까? 두려움이 앞섰다.

그렇게 망설이며, 감히 시작할 엄두를 내지도 못하고 있을 때, 여행인문학 강의를 함께 들었던 다른 분의 격려가 큰 힘이 되었다. '선생님, 걱정 마세요! 지금처럼 하면 돼요! 저도 아무 것도 몰라요. 함께 해 봅시다.『주역』특강을 하는 선생님의 스타일을 제가 좀 알아요. 아주 쉽게 가르쳐 줄 겁니다!' 이 말이 큰 힘이 되었다. 그렇게 나의 『주역』

공부가 시작되었다.

처음에는, 그 생소한 용어부터 대부분의 말을 이해하기 어려웠다. 하지만 시간이 될 때마다, 교육원에서 촬영해 놓은 동영상을 반복해 들었다. 두 번 세 번 들어도 여전히 처음 듣는 기분이었다. 그래도 조금씩 새롭게 알게 되면서 공부에 재미가 붙었다. 교수님은 수시로 말씀하셨다. '삶의 걱정과 근심을 해소하려는 열망에서 『주역』은 탄생했다. 인생의 여러 문제에 관한 예방과 치료, 그것을 해소하기 위한 고민을 통해, 걱정근심에 대처하는 도리를 터득하려는 의식이 중요하다. 그리하여 『주역』은 우리의 삶을 건전하게 만드는 지침이 될 수 있다.' 그렇다. 교수님의 강의를 들으면서, 이런 생각이 들었다. '그저 이렇게 혼자, 세상을 바라보는 시선을 배우는 것이 아닐까?'

그저 열심히 살기

나는 사실, 퇴직하기 전, 직장을 다닐 때는 '걸어 다니는 규정집'이라는 별명을 달고 다녔다. 그만큼, 일에 철저했고 정확했다. 어쩌면 너무나 딱딱한 사무적인 일로 내 임무를 다했는지도 모른다. 그것은 장점일 수도 있었지만, 다른 한편으로는 단점일 수도 있었다. 그런 인생의 연속이 내 삶을 지배하고 있어서 그런지는 몰라도, 언제부터인가, 그와는 반대로 무엇에도 몰두하지 않고 적당히 놀며 나태하게 지내도 되지 않을까 하는 마음이 들었다. 착각이었다. '적당히 놀며 사는 생활'이 '여유와 평온한 삶'이라는 생각은 나를 느긋한 것 같으면서도 게으름에 익숙한 사람으로 만들어 버렸다.

이런 상황이 지속되는 가운데『주역』이 찾아 왔다. 친구들을 만나는 사이에 재미있는 일들이 제법 벌어졌다.『주역』공부를 한다고 하니까 친구들이 말했다. '야, 너 주역공부 한다며? 이제 시간이 좀 지나서 많이 배웠겠는데! 만난 김에 '점(占)' 좀 봐 줘!' 친구들은『주역』이라고 하니까, 대뜸 자기 인생에 관한 '점'부터 봐달라고 한다. 이들의 말에, 나는 한사코 손사래를 치며,『주역』은 그런 것이 아니야!' 하고 말해 주었다. 점을 보거나 요행을 바라는 일을 좋아하지 않는 나는, 지금까지도 그랬었지만, 앞으로도 계속 그럴 것이다. 무슨 점을 보나? 열심히 살면 되지!

머지않아 돌아온다!

'점'은 아니고, 그렇다면, 내가 배우고 있는『주역』은 뭐지? 무엇을 위해, 나는『주역』을 공부하지? 거창한 물음에 한 마디로 명쾌한 답을 내릴 자신은 없다. 하지만, 〈지뢰복(地雷復: ䷗)〉괘의 초구(初九)에 나오는 이 말이, 내 삶에 힘을 불어 넣어 준다. '불원복(不遠復), 무지회(无祗悔), 원길(元吉) - 머지않아 되돌아온다! 그러므로 뉘우치는 일이 없고, 아

주 좋으리라!' 맨 아래에서, 홀로 있는, 저 하나의 양(陽: −)
이 주는 내공(內功)은 무엇일까? 나는 강의를 들으면서 〈복
괘〉 전체의 모습을 다음과 같이 이해해 보았다.

〈복〉은 위의 괘는 지(地: ☷)이고 아래 괘는 진(震: ☳)이다.
문자 그대로 보면, 복(復)은 '돌아오다, 회복하다'의 뜻이다.
그것은 어떤 상황이 진행되다가 '원래 상태로 돌아온다'는
의미이다. 밤이 가면 낮이 오고, 낮이 가면 밤이 온다! 이
어둡고 밝음이 합하여 하루가 된다. 우리 인생도 그렇지
않은가! 돌아보면, 내 삶도 그랬던 것 같다. 기쁜 일과 슬
픈 일, 좋은 일과 나쁜 일이 돌고 돌았던 것 같다. 1년 12개
월, 봄-여름-가을-겨울의 계절이 순환하는 것도 비슷한 것
아닌가! 낮이 가장 긴 하지에서 밤이 가장 긴 동지에 이르
기까지 모든 절기(節氣)도 그런 것이 아닌가? 〈복〉괘는 맨
아래에 하나의 양효가 이제 생겨 자라나듯이, 가장 짧은
낮이 서서히 길어지기 위한, 그 첫 시절인 '동지(冬至)의 괘'
가 된다.

한번 또 한번

『주역』「서괘전(序卦傳)을 보니, 〈복〉괘는 '물, 불가이상반복(物,
不可以上反復)'이라고 되어 있다. 세상의 모든 사물은 끝나
고 그대로 마치는 것이 아니다. 끝까지 가서 다하면, 다시
아래로 돌아간다. 인생살이도 마찬가지이다. 인간 사회가

아무리 피폐하더라고, 도덕적으로 타락했을지라도 그 끝에 가면, 훌륭한 사람이 나오게 마련이다. 전쟁이 최고조에 이르러 나라가 망하려고 할 때는 영웅호걸(英雄豪傑)이 나온다. 중국 역사에서 보아도 그렇지 않은가? 춘추 전국이라는 혼란한 시대에 공자(孔子, 기원전 551-기원전 479)와 같은 위대한 성인(聖人)이 출현하여 정신문명을 건설할 지침을 주었고, 진나라가 천하통일을 했지만, 그 말기에 세상이 극도로 어지러워졌을 때, 유방(劉邦, 기원전 247-기원전 195)과 같은 영웅이 나와서 한나라를 세웠지 않은가!

「잡괘전(雜卦傳)」에서는 〈복〉괘에 대해, '복(復)은 반(反)이다'라고 했다. '반(反)'은 '반대'나 '거부'를 의미하는 것이 아니라, '돌아오다'라는 뜻의 '반(返)'과 같다. 예를 들어, 가을날 감나무에서 빨갛게 익은 '홍시'를 보자. 홍시는 멀지 않아 나무에서 떨어질 것이다. 하지만 홍시는 씨를 품고 있다. 그 씨는 땅에서 새싹을 틔우고 다시 감나무로 성장하게 된다. 그 감나무에 다시 홍시가 열린다. 이것이 '돌아오다'는 뜻의 '복(復)'이다.

자연의 이치가 그러하듯, 인간 사회의 법칙도 그러하다. 우주자연의 기운은 한 번은 오르고 한 번은 내린다. 한 번은 번성하고 한 번은 쇠퇴한다. 한 번은 오고 한 번은 물러간다. 그렇게 자라나고 사라지는 일이 순환해서 끝이 없다. 인생 또한 마찬가지이다. 이런 생각이 주역이 나에게 던지는 지혜이다.

쭉쭉 뻗어나갈 결심

그래서 '복(復)은 형(亨)하다!'라고 했다. 끊임없이 되돌아오면서 쭉쭉 뻗어 나가는 원리이다. 〈복〉괘의 맨 아래에 있는 하나의 양(陽), 초구(初九)! 그것은 지금 당장은 미약하지만, 점점 성장해서 크게 뻗어 나갈 요소를 가졌다. 때문에 '출입무질(出入无疾), 붕래무구(朋來无咎)'라고 하였다.

교수님은 이 부분을 신중하게 설명하셨다. '무질(无疾)', '무구(无咎)'라! 질병도 없고 허물도 없다! 의미심장하다. '나오다'는 의미의 '출(出)'은 맨 아래에 양(陽: ─)이 생겨서 외면에 나타난다는 뜻이다. '들어가다'는 의미의 '입(入)'은 양이 들어가서 외면에 나타나지 않는다는 뜻이다. '나타나지 않음'은 '숨어 있다'는 말이다. 양이 바깥으로 드러나 있을 때나 또는 순음(純陰: ──)에 잠겨 숨어 있을 때, 즉 계절이나 절기로 말하면, 11월 무렵의 추위 속에 잠겨 있을 때나 12월 동지(冬至)에 하나의 양(陽: ─)이 숨어 있는 듯하지만 겉으로 드러날 때, 여러 개의 음이 이 양을 해칠 수 없다! 그것을 '출입무질(出入无疾)'이라고 한다. 그렇게 음과 양은, 우리 몸이 신진대사를 거듭하듯이, 대사(代謝)를 해 나간다. 다른 말로는 음극양생(陰極陽生)이고, 양극음생(陽極陰生)이다.

'붕래무구(朋來无咎)'도 유사하다. '붕(朋)'은 말 그대로 '벗'이다. 친구이다. 그러므로 '붕래(朋來)'는 '벗들이 온다'는 말이다. 친구와 같은 부류들이 온다는 의미이다. 맨 아래에 하나의 양이 되돌아왔다. 그런 만큼 이제는 그와 함께하는 친구들이 점점 모여들게 마련이다. 그렇게 점점 힘이 뻗어 나간다.

'되돌아온다'는 의미는 이런 문장으로 마무리 된다. '반복기도(反復其道), 칠일래복(七日來復), 리유유왕(利有攸往)!' '반복기도(反復其道)'는 우주자연의 길, 즉 나아가고 물러가는 그 길이 끊임없이 되돌아감을 지속한다는 말이다. 다른 표현으로는 '음양이 번갈아 운행한다'는 '음양질운(陰陽迭運)'이다. '칠일래복(七日來復)'도 마찬가지이다. 〈복〉괘의 여섯 효를 각각 1일로 보면, 하나의 괘는 6일로 되어 있다. 따라서 7일째가 되면 원래의 자리인 첫 번째 효로 돌아온다는 말이다. 그렇게 돌아온 다음, 어떻게 되는가? 마땅히 뻗어나갈 일이 있게 마련이다. 그것이 리유유왕(利有攸往)이다.

내가 만든 섬

이렇게 〈복〉괘를 비롯하여 『주역』의 전체를 공부했다. 그런데 머릿속이 하얗다. 이 '하얀' 현상이, 오히려 배움의 표시일까? 젊은 시절, 늘 시간을 쪼개 쓰며 치열하게 살아왔다. 그런데 돌아보니, 인생이 피폐해져 있었다. 어느 사이 나를 파고든, 게으름에 젖어 놀기만 하며, 많은 시간을 허비하고 있었다. 모두를, 하나의 양(陽)을 향해 되돌아오게 만드는 〈복(復)〉괘의 초구가 되어, 오랫동안 헤매고 있는 내 정신을 붙잡아, 다시 일어서야겠다. 서두르지 말고 천천히, 처음으로 되돌아 나오리라. 바야흐로, 겨울로 접어드는 나이가 되어가지만, 그 겨울이 동지에 이르렀다면, 저 〈복〉괘의 시작처럼, 마음은 새봄을 소망한다. 더 이상 나태해지지 말아야겠다! 아니, 〈복〉괘의 지혜가 일러주듯, 나태함이 서서히 가시고, 젊은 시절의 부지런함을 회복하리라!

되돌아 왔을까? 아니라면, 이제 다시 시작이다. 배움이 깊은 동학들 사이에서 도망가지는 않았다. 배우려고 시작하여 벌써 3년 차에 들어왔다. 그렇게 지켜낸 나의 섬, 그것이 나의 『주역』이다. 다시, 내가 나에게 말한다. 하나가 마무리되었으니, 이제 또다시 시작이라고. 처음처럼!

바람을 타고 성장하는
대나무처럼

박
성
하

일탈을 꿈꾸는 스마트 K할매. 그림을 전공했는데,
악기공부에 빠진 은퇴후 생활자. 글쓰기를 좋아해,
저서 〈엄마는 미술선생님〉을 썼습니다.

새해를 즐기는 방법

2024년, 새해 들어서자마자 중국 하남성(河南城)으로 여행을 떠났다. 연 초여서 그런가? 중국 공항에 내린 후, 가는 곳마다 붉고 노란색종이에 다양한 글귀의 새해 인사가 꽃처럼 장식되어 있다. 한자를 잘 알지는 못해도, '길상(吉祥)' '형통(亨通)', '만사여의(萬事如意)'와 같은 글들이 눈에 들어왔다. 특히, 새벽햇살이 붉게 비치는 연못 물위에 하얀 자갈로 '만사여의(萬事如意)'라는 글귀로 수를 놓은 새해 인사가 인상적이었다.

이번 여행은 『주역』을 공부하는 분들이 꽤 많이 참석하였다. 그래서 특별히 주역의 발상지라고 일컫는 문왕(文王)의 유적지도 일정에 포함되어 있다. 한겨울인데 날씨도 춥지 않았고 안양시(安陽市)에서 여행 시간도 상당히 여유로웠다.

여행 4일째, 『주역』의 발상지 유리성(羑里城)을 탐방하는 날이다. 지리적으로 유리성은 중국 하남성의 최북단인 안양에 자리하고 있다. 현재 인구가 530만 명이나 된단다. 서울 이외에 우리나라에는 이만한 규모의 인구를 가진 도시가 없다. 부산이나 인천, 대구 등 도시 3개 정도는 합쳐야 되는 대도시다. 하지만 중국에서는 중소 도시에 불과하다니, 정말 중국이 큰 나라임을 실감하게 된다.

서백의 즐거운 감방생활 7년

여행 출발 2주 전, 주역(周易)의 발상지, 주(周)나라 건국의 시조 문왕(文王), 유리옥(羑里獄) 등에 대한 사전강의를 들었다. 좀 더 자세히 알고 가는 것이 유적지를 둘러보고 이해하는데 도움이 될 것 같아, 이것저것 자료도 찾아보았다. 문왕(文王)은 기원전 1152년~기원전 1056년, 상나라, 즉 은나라 말기에 활동했던 '주(周)' 씨족의 지도자였다. 성은 희(姬)이고 이름은 창(昌)이다. 요즘으로 말하면, 희창(姬

昌)이다. 희창은 자신이 제멋대로 '문왕'으로 호칭된 것은 아니었다. '문왕'이라는 칭호는 그의 둘째 아들인 '무왕(武王)'이 주나라를 세운 후에 아버지를 '문왕'으로 추존(追尊)한 것이다. 즉 왕위에 오르지 못하고 돌아가신 아버지에게 임금의 칭호를 부여한 것이다.

문왕은 은[상]나라 말기에 '서백(西伯)'이 되었다. 때문에 '백창(伯昌)'으로 불리기도 한다. 서백은 지도자로서 임무를 제대로 수행한 인물이었다. 무엇보다도 유능한 사람들을 등용하고, 사람들의 삶을 넉넉하게 해 주는 정책을 시행하여, 국력이 날로 강성하게 되었다. 그러자 은나라의 마지막 임금인 '주(紂)'가 이를 경계하며, 서백을 '유리(羑里)'에 가두었다. '주(紂)'는 하나라의 마지막 임금인 걸(桀)과 함께, 중국 고대 사회의 최대 폭군이자 나라를 망하게 만든 장본인으로 알려져 있다. 그래서 폭정을 행한 나쁜 지도자를 일컬을 때, 두 임금을 합쳐 '하걸은주(夏桀殷紂)'라는 말이 생겨났다.

은나라 주(紂)임금에 의해 유리에 갇힌 문왕! 이는 어찌 보면, 중국 고대 사회의 국가교체기, 즉 권력투쟁의 과정에서 벌어진 대 사건의 하나였다. 사람들에게 신임을 얻으며, 점점 세력이 커지던 '서백'에게 '주'임금은 엄청난 두려움을 느꼈을 것이다. 이러다가 자칫 나라를 빼앗기는 것 아닌가? 그 최후의 발악이 유리옥에 감금하는 일이었을 것이다. 하지만, 서백은 달랐다. 이 기회를 철저하게 이용했다. 유리옥에 갇혀 있던, 바로 그 시기에 자신의 운명을 점 쳤던 것이다. 그것이 다름 아닌 문왕『주역』의 탄생이다. 기존의『역』에 문왕 자신의 경험과 우주자연 및 인간사회 의 법칙을, 자신의 목소리로 써 붙였다. 그것이 현재 통용 되는『주역』이다. '후천팔괘(後天八卦),' 또는 '문왕팔괘(文王 八卦)'라고 하는 불멸의 역경으로 남았다. 그 사이에 서백을 석방시키려는 노력도 다양하게 전개되었다. 특히, 유신씨 (有莘氏)의 딸과 려융(驪戎)·문마(文馬) 등, 보물을 바치고, 은 나라 조정의 여러 신하에게 청원하는 노력 가운데 겨우 풀 려날 수 있었다. 그 7년이라는 감방생활은 실로 그를 더욱 단단한 지도자로 일어서게 만들었다.

문왕은 일찍이 우(虞)와 예(芮) 두 나라의 분쟁을 해결해 준 적이 있었다. 병사를 내어 견융(犬戎)과 밀수(密須), 려 (黎)와 한(邗)을 공격했고, 또한 숭(崇)을 쳐서 멸망시켰다. 그리고 현재의 섬서성(陝西省)의 호현(戶縣)인 풍읍(豐邑)을 수도로 정했다. 그리고는 장강(長江), 한수(漢水), 여수(汝水) 유역 등 여러 지역까지 세력을 넓혔다. 이는 폭군 주왕이 다스리는 상나라를 멸망시킬 준비를 한 것으로 보아도 무 방하다. 서백은 인생의 황혼기에 셋으로 나누어진 천하 가 운데 이미 둘을 취한 지도자의 면모를 보였다. 그런 상황 에서 서백은 둘째 아들인 무왕을 불러 서둘러 상나라를 멸 망시키라고 유언으로 당부했다.

유리옥 고통 속에 핀 주역의 영혼

약 3,000년 전, 주나라 문왕은, 어쩌면 역량 있는 지도자를 공식적으로 감금한 중국 최초의 감옥 유리옥으로 인해, 그 인생이 재탄생되었는지도 모른다. 다름 아닌, 『주역(周易)』의 탄생지, 발상지가 바로 이 감옥이기 때문이다. 원래는 '유리옥(獄)'으로 부르는 것이 마땅하지만, 후대에 '유리성(城)'이라 명칭을 붙인 것도, 문왕의 그런 공적 때문이었을 것으로 생각된다.

유리성 입구에 들어서니, '패방(牌坊)' 좌측 벽에 '역(易)'자가 선명하게 새겨져 있다. 『주역(周易)』의 발상지, 역의 고장임을 상징한 것이다. 『주역』을 공부하는 사람으로서 이곳을 방문한 일은 정말 뜻깊은 일이었다. 물론 후대에 조성했겠지만, 유리성은 문왕이 주역을 쓸 때의 가상 시나리오가 문물로 잘 표현되어 있었다. 유리성 안으로 들어서면, 『주역』을 들고 서있는 문왕의 동상이 제일 먼저 보인다. 『주역』을 쓴다는 것, 그 일이 감옥에 갇혔다고 그냥 써지는 그런 작업은 아니었을 것이다. 세상을 인식하고 실천을 고려하는, 그만한 안목이 갖춰져야 가능하다. 문왕 희창은 어릴 때부터 학문을 좋아했고, 농업과 천문, 지리에 능통하였다. 그런 지도자로서의 기본 지식과 인격을 갖추었기에, 주(周)씨의 세력이 강해질 수 있었다.

은나라의 주왕(紂王)이 서백 희창을 7년간 유리(羑里)에 가둔 이유가 무엇이었겠는가? 거듭되는 주(紂)의 폭정과 악행은 희창을 일깨웠다. 그런데 폭군으로 전락한 주왕은 자신을 성찰하지 않았다. 그저 서백이 반란을 꾀할지 모른다는 생각에 그를 유리에 가두었다. 그 유리의 감옥이 『주역』이라는 불멸의 작품을 생산하는 삶의 전진기지가 되었던 것이다.

문왕은 이전에 있던 복희의 8괘를 64괘로 만들었다. 그때 그의 나이 82세였다. 80세는 현재의 나이로 환산한다면, 어느 정도의 나이일까. 100세나 120세쯤? 어쨌건, 3000여 년 전 팔순의 어느 지도자에게서 우러나온, 그 노년의 힘이, 3000여년 후 민주를 갈망하는 사람들에게 다시 담긴다. 그것이 『주역』의 영혼 아닐까? 그런 영혼의 건축물은, 유리성 입구에 세워진 문왕의 상으로 표출되었다.

갈팡질팡 미로게임

유리성의 건축 구조는 크게 앞부분과 뒷부분으로 나누어 볼 수 있다. 앞에는 문왕이 역(易)을 연구한 공간이다. 그곳에는 대전(大殿), 세심정(洗心亭), 완점정(玩占亭), 어비정(御碑亭), 역비정(易碑亭) 연역대(演易台) 등이 있다. '마음을 깨끗하게 씻는다'는 의미의 '세심(洗心)'이나 '점치는 일을 신중하게 생각하고 고민해야 한다' 라는 뜻의 '완점(玩占)', 그리고 '역(易)의 세계를 더욱 넓히고 세련되게 만들어 가려는 노력'을 담은 '연역(演易)' 등 주역의 사유를 상징적으로 보여주는 현판들이 주역의 성지(聖地)임을 입증하고 있다. 가운데 자리하고 있는 문왕의 동상을 중심으로, 뒤에는 문왕연역처(周文王演易處)라는 전각이 있는데, 역을 풀이할 수 있는 장소라는 뜻을 담았다. 그 옆으로 완점정(玩占亭)과 세심정(洗心亭)이 나란히 자리한다. 세심정에서 마음을 닦고 깨끗한 마음으로 완점정에서 합리적으로 점괘를 보라는 의미이다. 그 외에도 주역과 연관되는 문왕묘(文王廟), 복희사(伏羲祠), 노자사(老子祠) 등 전각과 각종 유적, 10여 개의 비석 등『주역』을 비롯하여 은(殷: 商)나라의 역사를 말해주는 귀중한 연구 자료가 많다.

문왕묘의 내부로 들어서니, 왠지 모를 신성함에, 묘한 기분이 들었다. 왼편에는 흰 수염을 길게 늘어뜨린 문왕이 이곳에 갇혔을 때 모습으로 앉아 있다. 80대의 노인이라고는 믿기지 않을 만큼 번뜩이는 눈빛이 예사롭지 않았다. 세상 모든 일을 꿰뚫어보고 있듯이, 응시하는 힘이 하늘과 땅 사이에 가득한 것처럼 느껴졌다. 천정에는 태극(太極)문양을 중심으로 팔괘(八卦)가 그려져 있다. 옆으로는 문왕이 사용했다고 전해오는 우물, 유리정(羑里井)이 있다. 이 우물은 시원하고 달콤한 샘이 솟아나는 우물이었다고 한다. 그런데 유리성이 황폐해져 있을 때는 말랐다가 유리성을 복원하자 다시 물이 솟았다고 한다.

후원에는 팔괘정(八卦亭)이 있다. 팔괘(八卦)는 건(乾:☰)·

태(兌:☱)·이(離:☲)·진(震:☳)·손(巽:☴)·감(坎:☵)·간(艮:☶)·곤(坤:☷)의 여덟 괘를 말한다. 괘(卦)는 천지만물의 형상을 걸어놓아 사람에게 보인다는 뜻이다. 복희씨는 세상의 모든 존재를 8개의 형상으로 상징했다. 문왕은 그 팔괘를 중첩하여 64괘로 만들었다. 아마, 문명의 발달 과정에서 복희씨와 문왕의 시대가 달라지고 복잡해졌기 때문에 그런 것은 아닐까?

안쪽으로 걷다보니, 팔괘를 이용하여 시멘트벽으로 미로게임장이 있었다. 구불구불한 미로 안으로 들어가 걷다보면, 한 걸음 한 걸음 들어갈수록 막힌 벽을 마주하게 된다. 잘못 들어서면 길을 잃을 수도 있다. 요즘의 미로게임이나 방 탈출 게임과 비슷한 놀이이다. 그런데 이게 의외로 재미있다! 팔괘정을 향한 출구를 찾아 나오게 만든 미로게임인데, 제일 끝에 있는 팔괘정 위에서 내려다보면, 길을 읽고 헤매는 인간 군상이 중첩된다. 어쩌면 그것이 현대인의 갈팡질팡하는 모습은 아닐까?

토아총에서 부르는 사자곡(思子哭)과 강태공

유리성을 돌아 나오는 길에 작은 무덤을 보았다. 백읍고지묘(伯邑考之墓)!, 즉 백읍고의 묘 '토아총(吐儿塚)'이다. 여기에는 전해 내려오는 이야기가 있다. 문왕의 맏아들인 백읍고(伯邑考)가 아버지의 구금을 풀기 위해 주(紂)임금을 찾아갔다. 그러나 이런 저런 이유로 괴롭힘을 당하다가 결국 에는 죽임을 당한다. 주(紂)는 유리(羑里)에 갇혀 역(易)을 연 구하고 있는 서백(西伯)이 진짜 미래를 제대로 예언하는 성 인(聖人)인지 확인하겠다며 미친 짓을 벌인다. 미래의 일을 잘 맞추는지 아닌지를 확인하겠다며 백읍고의 시신으로 국을 끓여 문왕에게 보낸다. 당시의 기록을 보면, 사람을 죽여 젓갈을 담거나 국을 끓인다는 표현이 많이 등장한다. 어쨌건, 문왕은 그것이 맏아들을 죽여서 끓인 국인 줄 알 았지만, 억누를 수 없는 슬픔과 분노를 삼키며, 꾸역꾸역 먹었다. 자신이 보낸 국을 먹었다는 얘기를 들은 주(紂)는 '누가 서백을 성인이라고 했느냐? 자기 자식을 죽여서 만 든 국을 먹고도 모르지 않느냐?'라고 하며, 멍청하거나 별 볼일 없는 존재로 치부해 버렸다. 그리고 유리옥의 경계 도 느슨하게 했다. 이때 굉요(閎夭)가 주(紂)에게 보물을 바 치면서, 서백은 감금에서 풀려났다. 그때 서백은 맏아들을 죽여서 만든 국의 내용물을 모두 토해냈다. 당시 사람들이 서백이 토한 내용물들을 모아 무덤으로 만들었는데 그것 이 토아총이다. 참으로 비극적인 이야기가 아닐 수 없다. 인간의 욕구, 희생과 인내가 어떤 결과를 가져오는가? 크 지 않은 무덤 토아총 앞에서 교수님의 설명을 들으며, 섬 뜩함을 느꼈다. 마음속으로나마 백읍고의 명복을 빌었다.

유리성 안에는 태공사(太公祠)도 있다. 태공(太公)은 문왕의 스승 여상(呂尙)을 가리킨다. 강상(姜尙)이라고도 한다. 일반적으로, 미끼가 없는 낚시질을 하며 자신을 등용해줄 임금을 기다렸다는 강태공(姜太公)으로 알려져 있다. 여상과 문왕의 만남은 역사의 필연이었을까? 그들은 정말 숙명 같은 운명을 펼쳐 나간다. 어느 날, 문왕은 위수(渭水) 근처로 사냥을 가면 현자를 만날 것이라는 점괘를 믿고, 그곳으로 갔다. 그때 낚시를 하고 있던 강태공을 만난 것이다. 문왕은 세상의 정세에 관해 대화를 나눈 후, 그의 식견과 학식을 꿰뚫어 보았다. 자신을 알아봐주는 문왕을 만난 후, 강태공은 생각했다. 자신의 포부를 마음껏 펼칠 수 있도록 길을 펴주는 사람, 자신의 가치를 인정해주는 사람을 위해 충성을 다하리라. 이후, 강태공은 문왕의 스승 겸 재상이 되었다. 이른바, '왕의 멘토'가 된 것이다. 재상으로 발탁된 뒤에는, 문왕의 아들 무왕(武王)을 도와 은(殷)나라 주(紂)를 멸망시키고, 세상을 평정하였다. 이후에는 제(齊)나라의 시조로 봉해졌다.

역경(逆境)이 역경(易經)일까

문왕과 연계하여, 공자의 음악에 관한 이야기도 재미있다. 공자가 비파 연주를 할 때의 일이다. 얼마나 많이 연습을 했는지, 공자는 눈을 감고도 연주할 수 있을 만큼 능숙한 연주자가 되었다. 그러자 스승은 공자에게 새로운 곡을 연주할 수 있도록 배려하였다. 그러나 공자는 스승이 전해 준 곡을 정중히 거절했다. 이유는 간단했다. "제가 음악에 대한 감각은 조금 익힌 것 같습니다만, 아직도 음악적 감성을 이끌어 내기에는 많이 부족합니다." 그 후, 공자는 음악의 강약과 감성 익히는 법을 공부하기 시작했다. 어느 날 스승은 다시 공자의 비파 연주를 들었다. 그리고는 말했다. "이제 충분한 것 같다!" 스승이 다시 다른 곡을 주려고 하자, 공자는 신중하게 말했다. "음악적 감각과 감성 뒤에 숨겨져 있는 진정한 의미를 아직 느끼지 못하고 있습니다." 동시에 "작자의 마음을 진정으로 이해하고 싶습니다." 라고 말하며, 스승이 권장한 새 곡을 거절했다.

며칠 후, 스승이 공자를 찾아갔다. 그는 비파를 타지 않고 물가에 앉아 명상 수행을 하고 있었다. 공자가 스승에게 말했다. "어떤 사람이 이 곡을 지었는지 이제 조금 알겠습니다. 그는 얼굴이 갸름하고, 낯빛이 검은색을 띠며, 기골이 장대합니다. 그리고 거대한 꿈과 포부를 가졌습니다. 감히 아뢰옵건대, 혹시, 주나라 문왕이 아닐 런지요?" 성인(聖人)은 곡(曲)이 풍기는 이미지나 느낌만으로도 성인을 알아보는 것일까? 사람이 사람을 알아본다더니, 그것은 그런 탁월한 사람들에게서만 가능한 것일까? 그런 것이 『주역』에 담긴 혜안과 상통하리라.

『주역』의 발상지 유리성은 이번 일정에서 많은 분들이

가장 큰 관심을 보인 곳이었다. 교수님의 설명에 모두 귀를 기울이고, 열심히 메모를 하는 모습이 진지했다, 죽자요장득무필풍취(竹子要長得務必風吹)! 대나무는 성장한다. 반드시 바람이 불어 흔들리며 애쓴다. 인생도 마찬가지이다. 역경(逆境)을 이겨야 성장할 수 있다. 역경(逆境), 불행한 처지나 환경이, 바로 이 역경(易經), 주역의 세계를 꿈꾸는 것은 아닐까? 문왕은 그렇게 했다. 고령의 나이에도 불구하고 유배지 그 척박한 땅에서, 우물물을 마시며 역경을 연구했다. 『주역』의 가치가 한층 높아지는 이유도 그 가운데 깃들어 있는 듯하다.

아직도 군데군데 눈이 쌓여있는, 정원과도 같은 유리성을 꼼꼼히 돌아봤다. 가는 곳마다 벽에 적혀있는 좋은 문구들이 많았는데, 한 구절을 마음에 새겼다.

'자강불식, 후덕재물(自强不息, 厚德載物)! 스스로 힘써 쉬지 말고 몸과 마음을 가다듬자! 인간미 넘치도록 인격[덕]을 두텁게 하여 모든 존재를 포용하자!'유리의 찬 바닥, 그 감옥에 앉아 있던 82세의 서백 문왕이 내게 주는 교훈이다.

여행을 품은 주역,
주역을 담은 여행

박일호

서평가/꼬레아아테나고등교육원 주임교수. 도서관·
대학에서 인문학과 서평글쓰기를 강의하고 있다.
방학때는 '간헐적 백수'가 되어 여행을 떠나는 것을
꿈꾼다.

사람들은 왜 그토록 떠나고 싶어 할까?

코로나로 주춤했던 해외여행이 다시 활기를 띠고 있다.
지난 여름 휴가철 성수기때 인천공항을 통해 국외로 나가
는 관광객이 하루 20만 명 규모였다고 하니 이 추세라면
올해 해외여행객이 7,000만 명을 넘을 전망이다. 갑자기
궁금해진다. 사람들은 왜 그토록 여행을 가지 못해 안달일
까? 여행은 도피이자 탐색이며 탈출이자 추구이다. 스피노
자식으로 말하면 여행은 그만큼 우리에게 많은 '기쁨'을 주

기 때문일 것이다. 반복되는 일상에 지치고 힘이 들 때면 사람들은 여행을 떠난다. 그러나 부푼 기대를 안고 떠난 여행이 마음처럼 호락호락하지만은 않다. 시간과 비용을 들여 멀리 떠나왔건만 즐거운 경험과 추억만 있는 건 아니다. 불평과 불만을 안고 돌아오는 경우도 많다. 사실 여행은 생각처럼 그렇게 만만하고 편안한 행위가 아니다. 오죽하면 여행을 뜻하는 영어 'Travel'의 어원인 'Travail'이 일, 노동, 고난을 가리킬까. 그래도 사람들은 집 나오면 '몸'이 고생이지만 집을 안 나오면 '맘'이 고생이라도 되는 듯이 꾸역꾸역 배낭을 싼다. 그러나 여행을 떠나는 수많은 사람들 중에서 진정한 삶의 의미와 가치를 여행과 관련해 생각해본 이들이 과연 몇이나 될까.

여행은 늘 현대인의 버킷리스트 1위에 꼽힌다. 그러나 여행이 대중화될수록 우리는 여행을 통한 설렘과 두려움, 감동이 점차 희박해지는 아이러니를 마주한다. 급기야 환멸과 권태 앞에 무릎을 꿇게 된다. 넉넉한 비용과 넘쳐나는 시간이 여행을 아주 쉽게 저지르게 만든다. 철학자 발터 벤야민이 말하는 '아우라'가 허무하게 사라지는 것이다. 놀라움을 즐기는 여행자와 달리 놀라움을 싫어하는 관광객이 되는 셈이다. 우리나라에서도 인기가 많은 세계적인 작가 알랭 드 보통은『여행의 기술』에서 우리가 느끼는 여행의 찰나, 기대, 실망, 감동의 근원을 예리하게 포착해낸다. 우리보다 일이백 년 먼저 살았던 여행자들의 이야기를 듣다 보면 오히려 19세기의 그들이 지금 우리 시대의 여행자들보다 훨씬 가슴 설레는 여행을 즐겼다는 생각이 든다.

인생은 나그네길?

몇 해 전 중국 쓰촨성(四川省)으로 여행을 가려다 코로나로 인해 출발 일주일을 남겨놓고 일정이 취소되어 아쉬움이 컸다. 그 뒤 지난 8월 중순, 『주역(周易)』을 공부하고 있는 〈꼬레아아테나고등교육원〉의 '삼국지 인문역사기행'에 참가해 드디어 쓰촨을 다녀왔다. 여행을 떠나기 전 2000년 노벨문학상 수상작 『영혼의 산』(가오싱젠, 현대문학북스, 2001)을 찾아 읽었다. 여행을 통한 자아 찾기와 정체성 확립이라는 기본 얼개 아래 쓰여진 이 소설은 쓰촨, 윈난, 꾸이쩌우 등 중국의 서남부지역을 배경으로 '영혼의 산'을 찾아 길을 떠나는 기행문이자 일종의 로드 무비류의 소설이라고 할 수 있다. 저자인 가오싱젠은 1982년과 1983년 사이 중국 당국의 감시망을 피해 베이징을 벗어나 중국 남서부로 향했다. 그는 중국 문화의 근원을 찾기 위해 수개월씩 쓰촨의 깊은 숲속에 있는 자연보호구역, 양쯔강의 발원지에서 바다에 이르기까지 산과 숲과 강가를 나그네처럼 누볐다. 15,000㎞를 거친 이 긴 여정이 그의 첫 장편소설 『영혼의 산』의 기반이 됐다. 소설 속 작가인 주인공은 병원에서 암을 선고받고 중국 남부를 정처 없이 가로지르는 여행을 떠난다. 그는 길 위에서 주역을 읽는다. "마침내 사방이 고요해지고 혼자가 된 나는 주머니에서『주역(周易)』을 꺼낸다. 나는 읽고 또 읽는다. (....) 나는 금방 읽은 괘(卦)의 효(爻)들을 마음속으로 그려본다."(『영혼의 산1』, 93~94쪽). 작가는 소설 속에 중국 역사의 사연들을 자주 등장시키며 여행에 대한 자신의 생각을 주인공의 입을 빌려 표현하기도 한다. "사실 진정한 여행자란 아무런 목적지도 가지지 말아야 합니다. 그래야 궁극적인 여행자라 할 수 있겠지요."(『영혼의 산2』, 8쪽)라고 말한다. 인생이 나그네길이라면 욕심과 집착을 버리는 것도 중요하지만, 인생이라는 거친 여정을 잘 헤쳐나가기 위한 '여행의 기술' 혹은 '나그네의 도(道)'가 필요할지 모른다.

'인생은 나그네길'이라고 처음 노래한 사람은 가수 최희준이나 나훈아가 아니고 중국 전국시대의 사상가인 장자(莊子)였다. 장자는 이 세상은 하나의 거대한 여인숙이고, 우리는 모두 거기에 머무는 나그네라고 말했다. 조만간 다시 어딘가로 떠날 존재들, 그런 나그네이기에 지금 머무는 이 세상에 집착하고 매달리는 것은 어리석다는 것이 장자의 가르침이다. 그러나 장자 훨씬 이전에 인생을 나그네길에 비유한 것은『주역』이다.

『주역(周易)』이란 글자 그대로 주(周)나라(BC 1111년경~256

년경) 시대의 역(易)을 말한다. 천지 만물이 변화하는 궁극의 원리를 밝히고, 변화에 대처하는 인간의 처세를 담은 책이『주역』이다. 중국에서 가장 오래된 경전으로 원래는 인생의 길흉화복을 점쳐 앞일을 대비하는 점서로 활용하였다. 『주역』은 우주의 변화와 운행(運行)에 관한 책이며, 때(時)와 자리(位)가 만들어내는 관계의 예술로 중국 인문 전통과 중국 문명의 우주론의 전모를 드러내는 책이라고 해도 지나치지 않다.

기나긴 인생길 속에서 우리는 무엇을 남기고, 무엇을 가지고 갈 것인가에 대해『주역』은 〈화산여괘(火山旅卦)〉에서 답을 준다. 주역의 56번째 〈여괘(旅卦)〉는 한마디로 '고달픈 나그네'로 풀이한다. 모든 사람들에게 필요한 인생의 도를 나그네의 상황에 빗대어 설명하고 있다.

괘상을 살펴보면 산은 가만히 있는데 불
이 움직이면서 옮겨가는 형상이다. 방랑
하는 나그네도 이와 비슷하다. 나그네는
한곳에 머물러 있지 않고 여기저기를 돌
아다닌다. 위 괘는 리(離)고 아래 괘는 간
(艮)이다. 리는 불(火)을 나타내고 간은 산(山)을 상징한다. 산 위에서 불이 활활 타고 있는 형상으로, 바람에 따라 여기저기 옮겨붙는 모습이다. 외롭게 떠돌아다니며 고달프게 방랑하는 인간사에 비유된다. 따라서 이 괘를 〈화산여

(火山旅)〉라고 한다. 여(旅)는 '나그네', '여행하다'라는 의미다. 마치 집을 떠나 속절없이 떠돌아다니는 『영혼의 산』의 주인공처럼.

旅 小亨 旅貞 吉

괘사를 풀어보면 여(旅)는 조금 형통한 상황을 말한다. 나쁜 것은 아니지만 크게 길(吉)하지도 않다. 모든 것이 다 그렇듯 여행에도 도(道)가 있어서 가는 곳마다 여행의 법칙이 있기 마련이다. 그래서 스스로 그 도를 바르게 해야 하며 잠깐이라도 여행의 올바른 도리를 벗어 나면 흉(凶)하다. 그래서 〈여괘(旅卦)〉에서는 여행하는 때와 의미가 중요하다고 말한다(旅之時義 大). 인생의 지식과 깨달음이 합쳐진 경험을 올바르게 쌓고 그 총체적 양식을 갖춘 후 여행을 해야 한다는 것이다. 체험이 근원적이고 기초적인 것이라면 경험은 누적되어 응용 단계까지 나간 것이다. 여행 자체가 길(吉)한 것이 아니라 여행의 방법을 곧고 올바르게 행해야 좋다는 뜻이다.

旅卽次 懷其資 得童僕 貞

효(爻)에서는 여행의 구체적인 방법도 제시한다. 육이(六二)에서는 여행의 3대 요소를 次[숙소]와 資[여비], 童僕[하인]이라고 말한다. 풀어보면 나그네가 숙소에 들어가고, 여비를 가지고 있어, 어린 종복을 얻어 그만큼 곧게 행동한다는 뜻이다. 오늘날로 말하면 차(次)는 숙박시설, 자(資)는 여행경비, 동복(童僕)은 여행가이드이다. 이 세 가지 요소를 갖춰야 여행을 무사히 마칠 수 있다는 뜻이다.

첫째, 여행 중에는 머물 곳이 있어야 한다. 육이에 나오는 '차(次)'는 사(舍)의 의미로서 나그네가 거처할 집(장소)을 의미한다. 즉 군자가 머무는 곳, 돌아갈 고향집(진리의 집), 성인의 말씀을 의미한다. 사실 풍찬노숙(風餐露宿)만큼 여행자를 힘들게 하는 것도 없다. 정처 없이 다니는 여행은 여행이 아니라 방랑이고 유랑이다. 이는 자칫 실종으로 이어지기 십상이다.

둘째, 여행에는 돈이 든다. '자(資)'가 그것이다. 여행을 못 떠나는 이유가 '살찐 소파'와 '핑계' 때문이라고 하는 이도 있지만 그건 그냥 하는 얘기일 뿐이다. 분명히 여행을 가로막는 현실적인 이유가 있다. 여행인문학에서는 여행을 결정짓는 요소로 시간, 돈, 건강을 꼽으며 이를 여행함수(T)=f(t,m,h)로 표현한다. 문제는 이들 중 가장 적게 가진 자원이 가장 크게 작용한다는, 이른바 '최소자원의 법칙'이다. 아무래도 현실에서는 돈이 그렇다.

셋째, 좋은 여행을 위해서는 여행을 안내하고 도와주는 사람이 필요하다. 육이(六二)에서 말하는 어린 종, '동복(童僕)'이다. 동복은 시중드는 아랫사람만을 의미하는 게 아니라 더불어 함께 여행하는 모든 사람을 가르킨다. 대표적으로 여행가이드가 그렇다. 그런데 패키지여행을 보면 대개는 어디를 구경하는지와 가격에만 신경 쓸 뿐, 누가 안내를 하는지는 사전에 별 관심이 없다. 패키지여행의 아이러니 중 하나다. 여행을 인생에 빗댄다면 나를 가르쳐주는 스승과 친구는 물론이고 인생길에서 도움을 주는 누구든지 다 동복이 될 수 있다.

尊高自處 不能保居 自覺知則 不至於極

마지막으로『주역』은 여행자의 자세로 유순(柔順)과 겸손(謙遜)을 강조한다. 〈여괘(旅卦)〉에서는 나그네가 교만하여 '자기 숙소를 불태우고, 도반, 동반자까지 잃어버려 위태롭다'고 한다. 이것을 표현한 말이 '존고자처 불능보거 자각지즉 부지어극(尊高自處 不能保居 自覺知則 不至於極)'이다. 이는 높은 곳에서 스스로 잘났다고 자처하면 살 곳을 보전할 수 없고, 스스로가 깨닫고 알아간다면 끝까지 이르지는 않는다, 즉 망하지는 않는다는 뜻이다. 여기서 나그네는 여행자이지만 넓게 생각하면 인생을 말하는 것이다. 그러니 '뒤돌아보며 나아가는 것은 지혜, 나아가며 뒤돌아보는 것은 용기'라는 말을 가슴에 새기고 겸손의 자세로 살아가면 좋을 듯하다.

『주역』은 심오한 동양철학을 바탕으로 한 철학서이면서 처세서(處世書)로 읽힌다. 점술서는 아니지만 끊임없이 인간의 구체적인 삶에 대해 조언한다. 또 어떤 면에서는『주역』이 유학(儒學)의 가르침을 뛰어넘는, 도교(道敎)적 이상과 유학의 경세(經世) 원칙을 동시에 포괄하는 책이라는 생각이 든다. 〈여괘(旅卦)〉에 나오는 '산상유화 명신용형 이불유옥(山上有火 明愼用刑 而不留獄)'이 그중 하나다. 형벌을 집행할 때 밝고 정당하게 하되 동시에 삼가며 신중하게 하라는 것이다. 군자는 산 위에 떠 있는 태양을 보고 가르침을 깨달아 모두가 납득할 수 있도록 모든 일을 명쾌하게 실천해야 한다는 뜻이다. 이쯤 되면『주역』은 단순한 처세서를 넘어 정치철학서라고 불러도 손색이 없을 듯하다. 21세기인 지금도『주역』을 읽어야 할 까닭이 여기에 있지 않을까.

우리는 모두 여행하는 인간

우리는 모두 여행하는 인간이다. 한 철학자는 이런 인간의 모습을 두고 '호모 비아토르(Homo Viator)' 즉 떠도는 인간, 여행하는 인간이라 정의했다. 또 피터 드러커, 톰 피터스와 함께 세계 3대 경영구루로 일컬어지는 오마에 겐이치는 인간을 바꾸는 방법은 오직 세 가지뿐이라고 했다. 시간을 달리 쓰는 것, 사는 곳을 바꾸는 것, 새로운 사람을 사귀는 것이 그것이다. 여행이 바로 그렇다. 분명한 것은 여행은 단순한 관광이나 휴식을 넘어 삶이 곧 여행이라고 말할 정도로 인간의 가장 큰 욕망이자 생존방법이라는 점이다. "나는 여행을 하고 있다. 삶은 좋건 싫건 하나의 여행이다. 나는 여행 중에 내 상상 세계 속에 침참해 나의 그림자인 당신과 함께 나의 내면을 여행한다. 이 두 여행 중에 어느 것이 더 중요할까? 어느 것이 더 실재적일까?"(『영혼의 산2』, 52쪽). 그러니 수시로 '변(變)-화(化)'를 말하는 학문인 『주역』이 여행과 무관할 수 없다.

'여행이 필요한 사람은 여행에서 막 돌아온 사람이다.'라고 했던가. 쓰촨에서 돌아와 지도에서 윈난을 자주 들여다보고 있다. 〈여괘(旅卦)〉는 이 땅에 한 명의 나그네로 와서 인생을 살다가 가는 여정에서 과연 우리는 무엇을 남기고, 무엇을 가지고 갈 것인가에 대한 지혜를 묻고 있다.

화천대유(火天大有)와
화천(華川)

박
호
영

오플쿱사회적협동조합 대표. 서울시설공단에서 34년을 근무하고 정년퇴직했다. 퇴직후 '서울시 50+인생학교'와 인연이 닿아 인생 후반전의 든든한 동료들을 만났고 총동문회장을 맡기도 했다. 유튜브 〈썰래발TV〉 〈썰래발학교/능탐사〉를 운영하고 있고 궁·종묘 해설사로 활동하고 있다.

강원도 화천의 아름다움

큰 숙제가 하나 생겼다. 얼떨결에 공부한 『주역』특강을 마무리하면서, 교수님이 『주역』과 관련한 글을 모아 책을 내보자고 제안했다. 오랜 고민 끝에, 작년이었던가? 수십 년 만에 강원도 화천(華川)을 여행하면서 유튜브 영상을 만든 기억이 났다. 화천은 '물이 맑고 아름답기로 유명한 곳이다. 그래서 그 지역의 명칭도 화천이다. 유튜브 제목이 〈화천에 화천대유가 있을까?〉였다. 당시, 화천 가는 버스

안에서 문득 생각이 났다. 화천이라는 지명이 어딘지 모르게 많이 익숙한 느낌이 들었다. 뭐지? 뭐지? 맞다! 몇 년 전, 뉴스에 크게 오르내리던 '화천대유(火天大有)'가 떠올랐다.

아직도 많은 사람들은, '화천에 볼 것이 무엇이 있느냐?'며 고개를 갸웃한다. 그렇지만 화천엔 생각보다 볼거리가 많다. 싱싱한 자연을 파고드는 산책로와 파라호 산소 100리 자전거길이 있고, 아픔과 희망의 역사를 만나는 물길이 흐르고 있다. 화천은 민간인보다 군인이 더 많은 곳이다. 화천군은 38도선 이북에 위치하고 있어서 6.25전쟁 이전까지는 북한 땅이었다. 화천은 대한민국의 대표적인 지역 축제로 겨울에 여는 '화천 산천어 축제'가 유명하다. 또한 특산물로는 토마토가 있으며, 해마다 '토마토 축제'도 열리고 있다.

화천군에 있는 파로호는 일제강점기에 건설을 시작해 1943년 완공되었는데, 댐 건설 당시 이름은 '화천호'였다. 그런데 '파로호'라는 이름은 한국전쟁 용문산 전투 때 화천호 근방에서 인민군과 중공군 2만여 명을 사살하고, 전사자 시체를 화천호에 수장(水葬)시킨 데서 유래한다. 전쟁 후 이승만 대통령이 '오랑캐를 무찌른 호수'라는 뜻의 '파로호(破虜湖)'로 명명했기 때문이다. 또한 화천에는 제5공화국 당시 희대의 사기극이었던 '평화의 댐'도 관광지로 이용되고 있다. 북한의 금강산댐 건설에 따라 국민 성금으로 2005년에 완공한 대응댐이다.

화천(華川)과 화천(火天)

입구 좌측에는 비목공원과 물문화관이 있다. 특히, 비수구미 마을 트래킹이 유명한데, 이 마을은 한국의 대표적인 오지마을이다. 화천댐 건설로 인해 생긴 파로호가 마을로 이어지는 길을 막아 버려 생긴 마을이다. 예전엔 22가구가 살았지만, 지금은 모두 떠나고 세 가구만 남아 있다. '비수구미(秘水九美)'라는 말은 '신비한 물이 만들어 내는 아홉 가지의 아름다움'을 간직했다는 뜻이란다.

사람이나 단체 이름을 지을 때는 발음과 의미를 모두 고려하여, 부르기 좋고 들으면 잘 기억되고, 뜻도 금상첨화(錦上添花)인 것을 찾는 것이 보통이다. 유명한 작명소에 의뢰하거나 직접 책을 보면서 공부하여 고심해서 지은 이름도 시간이 흘러 맞지 않으면 개명하기도 한다.

몇 년 전, 대장동 개발 의혹에 관련된 언론 기사가 쏟아지는 가운데, '천화동인(天火同人)과 화천대유(火天大有)'라는, 흔하지 않은 회사 이름이 등장했다. 영어도 한글도 아닌, 네 글자의 한자로 구성된 회사 이름이다. 갑자기 '화천(華川)'과 '화천대유(火天大有)'가 어떤 관계가 있는지 궁금해졌다! 결론은? '화천'과 '화천대유'는 아무 관련이 없다. 뉴스에 오르내리던 '화천대유'라는 말은 웬만한 사람들은 알고 있다. 최근에도 많은 사람들이 '화천대유'를 이야기하고, 지금도 가끔씩 뉴스에서 들린다. '화천대유!' 얼핏 보면, 사자성어(四字成語) 같기도 하고, 무슨 '은어(隱語)' 또는 고사성어(故事成語)인가? 라는 생각이 들기도 한다.

점복의 강철 체계

사실, '화천대유(火天大有)'라는 말은 『주역』에 나오는 64괘 가운데 하나이다. 즉 '하늘의 도움으로 천하를 얻는다.'라는 말이다. 그런데 부동산 개발을 통해, 이익을 많이 남겨 먹겠다는 욕심으로 대유(大有)를 '많이 남기다'라고 해석한 자들이 회사 이름으로 사용한 듯하다. 하지만 그들은 '대유(大有)', 즉 문자 그대로 볼 때, '크게 소유한다'라는 의미를 잘못 이해하고 있다. 물론 『주역』에서 '화천대유'는 좋은 괘(卦)로 인식되는 경우가 많다. 하지만 그것만이 모든 것을 대변하지는 않는다.

유교에서 3경은 『시경(詩經)』, 『서경(書經)』, 『역경(易經)』, 이 세 개의 경전을 묶어서 이르는 말이다. 특히 『역경』은 동양에서 가장 오래된 경전인 동시에 가장 난해한 글로 일컬어진다. 공자가 지극히 신중하게 여겨 받들고, 주희(朱熹)가 『주역본의(周易本義)』를 지어 오늘날에도 중요하게 읽히는 책이다. 『주역』은 주나라 때의 점복(占卜)에 대해 기록한 책이다. 원래의 책 제목은 단순히 '역(易)'인데 나중에 경전을 의미하는 '경(經)'을 붙여 『역경』으로 부르기도 한다. 『주역』은 유교의 3경 가운데 으뜸으로 손꼽히게 되었다.

『주역』강의를 많이 들었지만, 아직도 여전히 어렵다는 생각이 드는 것은 왜일까?

『주역』은 예언서이고 점서(占書)라고도 한다. 삼라만상의 심오한 세상 변화에 관한 원리를 기술한 책이다. 그런 점에서『주역』은 우리가 살아가는 불확실한 세계의 시뮬레이션 또는 메타버스이다. 언뜻 보기에도 대단히 정교한 방식으로, 두 개의 음양(陰陽) 막대(-- -)를 64개의 괘로 쌓아 올린 강철 체계처럼 보인다. 속을 찬찬히 들여다보면, 수천 년 전 산기슭에 무질서하게 널린 동물들의 뼈와 그 위에 각인된 불규칙한 기호들이 봉합된 채로 담겨 있는 듯하다. 이 가뭄은 언제 끝날까? 전쟁에서 이길 수 있을까? 천명을 받을 수 있을까? 대권을 과연 잡을 수 있을까? 사람들은 하늘의 뜻을 물었고, 칼집 낸 동물들의 뼈를 불에 그슬려 규칙이라곤 없어 보이는 점복(占卜)을 얻었다. 애매하고 모호하지만, 그것이 하늘이 전하는 은밀한 뜻이라 생각했다.

화천(火天)과 천화(天火)

'화천대유(火天大有: ䷍)'는『주역』의 64개 괘 중 14번째 괘이다. 〈상전(象傳)〉에서는 다음과 같이 설명한다. '화재천상, 대유. 군자이, 알악양선, 순천휴명(火在天上, 大有. 君子以, 遏惡揚善, 順天休命)!' 불(태양)이 하늘 위에 있는 것이 대유(大有)이다. 군자는 이것을 가지고 악(惡)을 막고 선(善)을 드날

리며, 하늘의 아름다운 명에 따른다! 괘의 모습을 보면, 불
(火)을 상징하는 이(離: ☲)괘가 위에 있고, 그 아래 하늘(天)
을 의미하는 건(乾: ☰)괘가 놓여있다. 태극기는 중앙에 태
극 문양과 네모서리는 건곤감리(乾坤坎離: ☰ ☷ ☵ ☲)의 4괘
(四卦)로 구성되어 있다. 건괘(乾卦)-하늘, 곤괘(坤卦)-땅, 감
괘(坎卦)-물, 이괘(離卦)-불이다. 그러니까 '화천대유'의 이괘
(離卦)와 건괘(乾卦)가 태극기에도 있다. 즉 두 괘를 합쳐 놓
은 형상(䷍)으로 하늘 위에 불이 놓여있다. 그게 바로『주
역』〈화천대유〉괘의 모습이다. 하늘 위에 불이 있으니, 그
건 바로 태양이다. 태양은 만물에 에너지를 제공한다. 그
에너지를 받아 대지 위의 동식물은 토실토실 살이 오르고,
만물은 제자리를 잡아가니, 크게 소유하는 의미의 '대유(大
有)'가 된다. 그런 의미에서 '화천대유(火天大有)'는 주역 최
고의 괘가 아닐까? 해석을 보면 '임금이 천하를 크게 두고
다스린다!'라는 뜻이다. 문제의 그 회사가 이름을 '화천대
유'로 지은 것도 그 때문일 것이다.

　'화천대유'의 자회사 이름인 '천화동인(天火同人: ䷌)'은 13
번째 괘다. 위의 상괘는 건(乾: ☰)괘로서 하늘이고, 아래 하
괘가 이(離: ☲)괘로서 불을 상징한다. 화천대유와는 정반
대로 형상을 하고 있다. 이 '동인(同人)'괘의 바로 앞에『주
역』에서 가장 좋지 않은 괘라고 하는 '천지비(天地否: ䷋)'가
자리한다. 하늘은 하늘대로 위에 있고, 땅은 땅대로 아래
에 있어 서로 관계를 맺지 않아 꽉 막힌 현상이다. 이런 막

힌 현상을 틔워주는 괘가 '동인괘(同人卦)'인데, 아래의 불이 위의 하늘로 올라가는 형상(☰)이다. 다시 말하면, 해가 떠서 변화가 일어나 막힌 것을 뚫어주는 현상이다. 해석을 보면, 사람이 뜻을 같이하고 힘을 합하여 막힌 것을 통하게 한다는 뜻이다. 『주역』은 '천화동인'괘 〈상전(象傳)〉에서 이렇게 설명한다. 천여화, 동인. 군자이, 유족변(天與火, 同人. 君子以, 類族辨物)! 하늘과 불이 동인(同人)이다. 군자는 이를 가지고 무리를 분류하고 사물을 변별한다! '동인(同人)'은 뜻을 같이하는 사람들을 말한다. 뜻 맞는 사람끼리 모여 만드는 잡지를 '동인지(同人誌)'라고 하지 않던가? 그래서 '동인'은 동지(同志)이기도 하다.

동인(同人)·대유(大有)의 아우라

'천화동인'과 '화천대유' 두 괘는 『주역』의 여러 괘 가운데 좋은 의미를 갖고 있다. 실제로 그 형상(形象)이나 복서(卜筮)의 내용을 보면, '어렵고 막힌 세상에서 군자들이 협력하여 백성을 구하고, 임금이 밝은 정치를 펼친다'는 뜻이다. 따라서 소인들이 이익을 위해 끼리끼리 뭉치는, 소인배(小人輩)들의 행위가 아니라는 것이다. '천화동인'의 두 번째 효에 '동인우종, 린(同人于宗, 吝)!'이라는 구절이 있다. 사람을 만나는데 같은 종친이나 붕당끼리만 하면 좋지 않다는 의미이다. 『주역』은 세상일의 '조짐(兆朕)'과 '기미(幾微)'에 주목

한다. 예컨대, '서리가 내리면 강물이 언다!' '바람이 서늘하면 단풍이 진다!'와 같은 표현이 그런 것을 일러준다.

그런데 지금까지 언론에 드러난 것으로 보면, 토지 개발을 둘러싸고 막대한 이익을 노린 투기꾼들이 각종 로비를 해가면서 엄청난 축재(蓄財)를 한 것으로 추측이 된다. 그런 와중에 마치 자기들이 군자나 임금이라도 된 것처럼, 거창한 회사 이름을 달고 돈 잔치를 벌인 것이다. 한마디로 소인(小人)들의 놀음에 큰 간판을 단 격이다. '화천대유'의 세 번째 효에 '소인, 불극(小人, 不克)!'이라는 구절이 있다. 속이 좁고 간사한 사람은 제대로 이루지 못한다는 의미이다. 따라서 '천화동인'과 '화천대유'는 군자나 임금이 국가와 백성을 위하는 행위이지, 소인이 흉내 내는 차원이 아님을 알 수 있다.

『주역』은 그 기호와 메시지들의 귀납(歸納)이다. 『주역』의 수많은 해설서들이 신비한 어조로 얘기하듯, 태극과 음양에서 정합(整合)적으로 연역(演繹)한 체계가 아니다. 『주역』의 가치와 매력도 바로 거기 있다. 불확실한 세상만큼 복잡다단한 속내, 그 속내를 음과 양의 조합만으로 단순화한 기발함에 『주역』의 진가(眞價)가 있다. 합리와 불합리의 상충(相衝), 미신과 과학의 융합(融合), 귀납과 연역의 소통(疏通)이 『주역』의 안에 온전(穩全)하다. 그것이 바로, 수천 년에 걸쳐 사람들을 사로잡아온 64괘의 매력과 위력이다. 그런 64괘 가운데 '화천대유'는 강렬한 '아우라(aura)'로 남다른 추앙을 받아왔다. 그런데 소인배가 활개를 치며 '천화동인'과 '화천대유'라는 회사를 만들었다! 긍정적으로 표현하면, 일반인들이 잘 모르는 『주역』의 괘를 알리는데 그들이 조금의 도움을 주었는지는 모르겠다. 하지만, 어떤 이름도 그릇에 맞지 않으면, 그에 따른 혹독한 대가를 받는다는 진리를 알아야 한다.

시중(時中)의 언덕에 선
새 시작(始作) 마중

**백
미
화**

한신대학교 휴먼케어융합대학원 죽음교육상담전공
겸임교수, 국제죽음교육전문가, 문학박사, 교육학박사

도전과 도박사이

2024년은 우리 가족이 유학을 떠난 지 30년째가 되는 해이다. 1994년 8월 4일, 남편과 나는 세 돌이 막 지난 큰 아이와 아직 두 돌이 채 안 된 둘째 아이를 데리고 공부를 하겠다며 호기롭게 미국행을 감행했다. 경제적으로 큰 무리가 없어서 다른 어떤 이차적인 욕망을 채우려고 떠난 것도 아니었다. 그렇다고 보다 큰 세상에서 능력을 펼치지 않으면 아까울 만큼 뛰어난 인재여서도 아니었다. 오히려 그

반대였다. 젊은 시절 고생을 사서 하면서라도 선진 기술을 익히고 실력을 쌓지 않으면 살아남기 어려운 여건과 배경에 놓여 있었기 때문이었다.

　남편은 평생 월급만 잘 챙겨도 큰 염려는 없을 것 같은 국가연구기관에서 직장생활을 시작했다. 하지만 그런 기관에 있다 보니, 오히려 자신의 한계를 느끼게 되었고, 새로운 역량을 쌓아야 한다는 생각이 더욱 절실했던 것 같다. 겨우 1년 학비 정도밖에 준비되지 않았지만, 결혼하면서부터 모시던 시어머니께서 아이들을 돌봐주신다며 동행하신 덕분에 나는 밖에 나가 달러벌이를 하면서 생활비를 충당할 수 있었다. 시어머니는 두 번이나 비자 연장을 했지만, 최대 18개월 밖에 머물지 못했다. 그 사이 나는 닥치는 대로 할 수 있는 일은 다 해가며 가족의 생계를 책임졌다. 남편은 1년 뒤부터 연구조교로 학비와 생활비 보조를 받았지만, 다섯 식구가 생활하기엔 턱없이 부족했다.

크로노스와 카이로스의 시간

　"불시즉불능성종(不始則不能成終)"이라고 하지 않았던가! "시작하지 않으면 끝마칠 수 없다!"는 이 『주역(周易)』〈건(乾: ☰)〉괘의 구절처럼, 5년 반 동안의 고군분투(孤軍奮鬪) 끝에 남편은 박사학위를, 나는 석사학위를 마쳤다. 그동안 아이들도 제법 자랐다. 둘 다 초등학생이 되었다. 잘 끝낼 수 있을지도 불확실한 도박과 같은 도전이었지만, 시작이 있었으니 마침도 있었다. 다른 일들도 마찬가지지만, 특히 석·박사 학위과정은 주자(朱子)의 표현처럼, "비종즉무이위시(非終則无以爲始)!" 즉, "마치지 않으면 시작할 수 없다"는 '종시(終始)'의 뜻을 가장 잘 새길 수 있는 인간사 가운데 하나가 아닐까 싶다. 시작한 공부를 마치기 전까지는, 어떤 새로운 다른 일을 시작할 수도 겸할 수도 없다! 공부를 마치고 학위를 받고 나서야 비로소 그 분야에서 전문가로 인정받을 수 있기 때문이다. 하지만 그 5년 반이라는 크로노스(Chronos: 물리적)의 시간 동안 학위는 끝이 났지만, 우리 가족들이 머문 그곳에서의 경험은 카이로스(Kairos: 의미적)의 시간으로 박제되어 우리 의식 속에 깊숙이 자리 잡게 되었다. 그곳에서 유소년 시절을 보냈던 아이들이 특히 그랬다. 아빠가 학위를 마치고 미국의 다른 주로 이사했을 때도, 귀국하여 한국에서 학교를 다닐 때도, 자신들에게 닥친 모든 어려움의 원인을 바로 '그곳'을 떠난 것으로 귀착시켰다.

아이들의 에고(ego)와 안정(安靜)

아이들이 그곳의 환경과 친구들, 선생님들이 그리워 울며 부모에게 원망을 쏟아내는 것은 차라리 가장 쉬운 위로법이었을 것이다. 귀국하자마자 언어의 열등함을 안고 치열한 경쟁 속으로 내던져진 아이들에게, 어릴 적 보냈던 그곳에서의 삶은, 결코 잊을 수도 포기할 수도 없는, 그들 자신의 '에고(ego)'가 되었다. 과학기술의 발달로 아이들은 '구글 어스(Google Earth)'를 통해, 살던 동네, 살던 집을 웹 상으로 찾아보며 추억을 떠올렸다. 이제는 성인이 되어 경제적으로 자립하면서 '그곳'으로 직접 달려가 향수를 달래곤 한다. 현관문만 열고 나가면 친구들과 맘껏 뛰어 놀던 놀이터가 사라졌음을 안타까워하면서도, 5년 반 동안 살던 기혼자 타운하우스, 유치원, 초등학교, 식료품을 사러 다녔던 슈퍼마켓, 공룡화석이 전시되어 있는 자연사박물관 등이 아직 그대로 있음에 안도하면서 말이다. 그곳이야 말로 우리 아이들의 마음에 "안정(安靜)"을 주는 공간이었으리라. 차분하고 고요하게 자리할 수 있는 곳! 『주역』〈복(復): ䷗〉괘의 의미를 빌리자면, 아이들이 어린 시절이었으니, 양(陽)이 처음으로, 겨우 생겨, 미미한 상태였을 것이다. 때문에 "안정이후능장(安靜而後能長)!" 차분하고 고요하게 자리한 다음에야 성장 할 수 있었을 텐데 그 자리를 잃었으니, 마음이 어떠했겠는가! 요즘도 때때로 성장이 멈춰버린 듯한 그들의 행동을 그들 탓만 할 수 없는 이유이다.

유학 생활의 기억

미국 유학 생활 시절이 그랬다. 젊은 시절의 고생이 추억이 되고, 어쩌면 내 삶의 보배가 되었을지 모른다. 그때는 집에는 쌀, 자동차엔 휘발유, 거기다 지갑 속에 5달러짜리 지폐 한 장만 있어도 큰 위안과 행복을 느꼈다. 그런 남편과 나에게 공부의 어려움을 토로하는 것은 사치였다. 〈태(泰: ䷊)〉괘 구삼(九三)에서, 주자가 『주역본의(周易本義)』에서 말하지 않았던가! "난난수정, 즉무구이유복(難難守貞, 則无咎而有福)!" 가난하고 어려워도 곧음을 지키면, 허물은 없고 행복이 온다! '태(泰)'괘의 가르침처럼, 우리에게 '바른 길을 지키는 일', 그것은 성인(成人)으로서 경제적으로 자립(自立)하는 일이었고, 유학생으로서 학업에 '자강불식(自彊不息)'하는 작업이었으리라.

나는 토플(TOEFL)을 몇 번 치른 끝에, 겨우 미국의 대학원에 입학 지원을 할 정도의 점수를 받았다. 유학 3년째 되던 해인 1997년 가을 학기가 되어서야 드디어 내 공부를 시작할 수 있었다. 입학 직후에는 더욱 힘들었다. 아이들을 재운 후에야 비로소 책상 앞에 앉을 수 있었고, 졸음을 쫓기 위해 창문은 항상 열어 두어야 했다. 그 때문에 늘 감기를 달고 살았다. 주말에는 세탁소에 나가 일을 했다. 그래도 이런 고통은 나에게 '잔인한 즐거움'이었다. 열심히 공부하고 있으니, 이변이 없는 한 언젠가는 끝날, 기한이 정해진 고생이지 않는가! 이 고생이, 다름 아닌 〈비(否: ䷋)〉괘의 '검덕(儉德)'이 아닐까? 자신의 노력으로 쌓은 학덕을 아끼며, 단련(鍛鍊)하면서 피난(辟難)할 수 있지 않는가!

적어도 내 유학 첫 학기에, 친정아버지를 여의기 전까지는 그랬다.

아버지는 정년퇴직 후, 1년 만에 암으로 돌아가셨다. 여명(餘命) 5개월 전에서야 병환이 깊은 것을 알게 되어, 병원에서도 집에서도 속수무책이었다. 유학생활을 하면서 갑작스럽게 친정아버지를 사별한 고통은, 크로노스의 시간이 아무리 흘러도 쉽게 희석되지 않는 내 인생에서 가장 큰 아픔이었다.

시중(時中)의 힘

이른바 '학문'적 차원에서, 책을 놓은 지 7년 만에 타국에서 새로운 전공으로 시작한 공부는 결코 호락호락하지 않았다. 교수들은 아버지 장례식에 참석하느라 제출이 늦어진 과제도 감점 처리를 했다. 짧은 영어에 교과 내용을 이해하기도 어려운 처지인데, 이렇게 큰일을 당했으니 학업에 집중하기가 무척 힘겨웠다. 작별 인사도 못 나누고 유언도 듣지 못한 채, 다시 일상으로 돌아온 나는, 시도 때도 없이 흐르는 눈물을 주체하기 어려웠다. 30대 중반의 나이에, '상실(喪失)'에 대해, "자비무환(自備无患)!"을 어찌 감당할 수 있었겠는가? 〈쾌(夬: ䷪)〉괘 구이(九二)에서 주자가 말한, 스스로 대비할 때 근심이 없다! 정말이지, 그럴 여유가 있을 리 없었다. 그렇다고 무턱대고 슬퍼만 할 수도 없었다.

일상생활을 꾸려 나가야 하는 상황에서 학교 공부까지 따라가야 했지만, 마음은 쉽게 안정되지 않았다. 결국 학업을 계속할 수 없는 지경에까지 이르러서야, 나는, 비로소 '학업을 결코 중단할 수 없다!'라는 현실을 깨닫게 되었다. '시간(時間)'과 '시중(時中)'의 절묘한 교차점이었다.

『주역』〈몽(蒙: ䷃)〉괘의 「단전(彖傳)」에서 말했듯이, "이형행, 시중야(以亨行, 時中也.)"가 아닌가! 때가 원하는 바는 오직 형통함을 원함이며, 형통함으로써 행하면 때의 적중함을 얻는다! 예측 불가한 우연성, 그 불가항력적 상실 앞에서, 길흉(吉凶)의 필연적 결과에 이르는 갈림길에 서있을 때, 후회함과 궁색함의 운명론이나 인과율의 법칙 등이 끼어 들 여지는 없다. 지금 돌아보니, 앞날을 예측하고, 판단하고, 선택하고, 결정해야 할 때, '시중(時中)'의 기제가 발동되었던 것 같다.

삶의 메아리: 자기 찾기

10여 년 전 쯤, 지천명(知天命), 즉, 나이 50줄에 들어섰을 때, 하던 일을 모두 그만둬야 할 정도로 큰 병을 앓았다. 그 때 내 삶을 되돌아 보았을 때 나는 내 몸을 잘 돌보지 않고 살았던 탓인 듯 했다. 반관(反觀)! 〈비(比: ䷇)〉괘의 『본의』에서 말한 것처럼, '성찰과 반성'의 결과가 그러했다. 다행히 3년간의 휴식과 운동으로 병은 완치되었다. 그러나 내 기존의 삶은 어쩌면 『주역』〈수(隨: ䷐)〉괘 구사(九四)의 경고처럼, "유획, 정흉(有獲, 貞凶)!"이었는지도 모르겠다. 자기 자리가 아닌 곳에 머물며 사람들을 따라가 얻은 것이 있지만, 그것이 바르다 할지라도 흉하다! 물론, '중용(中庸)'이 최선이리라. 하지만, 〈소과(小過: ䷽)〉가 지시하듯, "과이리정(過以利貞)!", 때로는 이를 벗어나 지나친 것이 올바른 경우가 있고, 〈소축(小畜): ䷈〉 상구(上九)에 대해 주자가 『본의』에서 말했듯이, "축극이성, 음양화의(畜極而成, 陰陽和矣)!", 쌓인 것이 최고조에 이르면 음양이 화합하는 원리가 있듯이, 그동안 내 체력의 한계를 지나쳐 벗어나기도 하며, 부족한 것을 채우려고 애쓰며 살아온 것 같다. 요즘은 수시로 내 삶에 대해 나 스스로도 의문을 가진다. 그럴 때마다 '너를 찾아가는 길'을 가고 있다는 답변이 돌아온다. 그 길은 어쩌면 끝이 없어 도달하지 못할 수도 있겠지. 하지만 그 길은 홀로 서 있어도 두렵지 않은 〈대과(大過: ䷛)〉「상전(象傳)」에서 말한, "독립불구(獨立不懼)"의 길일 것이다.

새로운 시작의 도정에서

2024년 8월, 한국에서 두 번째 박사학위를 받았다. 전공은 교육사철학이고 세부전공은 죽음교육이다. 5년 반이 걸렸다. 제도권 안에서 이 나이까지, 이렇게나 오래, 공부를 하게 될 줄은 예상하지도 계획하지도 않았다. 〈비(比)〉

괘 「단전」에서 말하듯, "불녕방래, 상하응야(不寧方來, 上下應也)!" 그저 요청(要請)과 응대(應對)의 상응(相應)에 의한 것이리라. 시대적인 요청일 수도, 학문적인 요청일 수도, 개인적인 요청일 수도 있다. 물리적으로도 짧은 시간이 아니다. 그것이 숙명이었을까? 이번에도 박사 첫 학기 때, 친정 어머니와의 사별을 겪었다. 이듬해에는 '코비드19'라는 느닷없는 세계 대유행 병이 돌아 학교가 폐쇄되는 초유의 사건을 겪었다. 그 와중에 큰 아들은 결혼을 했다. 나도 남편도 환갑을 넘겼다. 첫 손녀가 태어나 곧 첫 돌을 맞는다. 작은 아이는 공군 파일럿 장교가 되었다. 이번의 박사학위는 이 모든 일들과 함께 이뤄낸 결과이다. 사별이 여전히 고통스럽지만, 그 고통이 내 삶의 나침반이 될 수 있음을 어렴풋하게나마 깨달아 가면서, 이번 학위논문에 녹여내지 않았나 싶다. 연이어 행운이 따랐다. 때마침 모대학원에서 국내 최초로 '죽음교육' 전공이 개설되어 교수로 임용되었다. 이 시간이 또 다시 시중이 아닌가!

『주역』의 영어식 이름이 『변화의 책(The Book of Changes)』이라는 게 흥미롭다. 『주역』은 끝없이 변화를 꾀하면서 멈추지 않는, 생생불식(生生不息)의 철학이다. 이런 변통(變通)의 가르침으로부터 책이름도 명명된 듯하다. 오늘의 나는 어제와 다른 내가 되기 위해 끊임없이 변하고 노력하라는 『주역』의 가르침이 의미심장하다. 그것은 새로운 시작, 즉 '종시(終始)'의 기대에 찬 순간을 부여한다. 〈리(離: ☲)〉괘 상구(上九)에서 말한 정이천의 『역전(易傳)』 내용처럼, "찰악행위(察惡行威)!"에 염두를 둔다. 그 시작은 시중(時中)을 향하여, 매사에 두려움과 경계의 끈을 놓지 않는, 삶일 뿐이다.

『주역(周易)』 속에 음악(音樂)의 원리(原理)가 있다?

신영은

화학공학을 전공하고 자동차대기업에서 퇴직 후, 부족했던 인문학의 늪에서 허우적거리고 있다.

한자도 모르는 데 주역이라

筮. 앗, 큰일 났다. 아! 첫 문장, 첫 단어 하나에서 막힌다. 이게 무슨 글자인가? 한자 사전을 뒤적거려 보기는 하는데, 이게 쉽지 않다. 며칠을 이리저리 궁리하고 시도하다가, 같이 수업을 듣는 한문 전공 박사님께 물어, 〈한자필기인식사전〉이란 게 있다는 것을 알았다. 그것을 이용해 사전을 찾아보고 나서야, '筮'! 이 오리무중에 있던 글자가 '점칠 서(筮)'라는 한자임을 알게 되었다. 내 인생을 '점(占)'치려고 하면서, 정작 '점칠 서(筮)'자를 모르다니. '점 복(卜)'자 하나만을 겨우 알고 있었으니, 참으로 한심할 지경이었다.

대학에서 공학을 전공하고, 자동차 관련 기업에 들어가 '부품(部品)'과 '영어(English)'로만 먹고 살아온 지 30년이 넘었다. 상당 기간을 해외에서, 그것도 미국, 속칭 아메리카(America) 회사에서 근무하다 보니, 한자는 고사하고 우리 말을 쓰는 것도 쉽지 않은데, 난데없이『주역(周易)』이라니. 허허!

한 갑자(甲子)를 그럭저럭 잘 넘겼다고, 자식들이 치러주는 조촐한 세레모니(ceremony)도 마친 즈음, 남아있는 인생 3막을 어떻게 보내야 할지를 여러 가지로 궁리하게 되었다. 앞으로의 내 인생 여정이 궁금하기도 하고, 이런저런 막연한 기대감에『주역(周易)』공부를 시작하게 되었다.

주역이 이 시대에도 합당할까

『주역(周易)』을 배우면서, 그 의미를 간략하게 정돈해 보았다.『주역』은 64개의 괘(卦)와 384개로 효(爻)로 구성되었다. 이를 통해, 특정한 상황이나 상태를 비유하고 상징한다. 이 상징들은 우리 삶의 요소에 연결될 수 있다. 인생에서 마주치는 유사한 여러 상황에 적용될 수 있는 아주 유용한 팁(Tip)이 될 수 있다!

우리 인간은 세상과의 '작용'과 '반작용' 속에서, 헤겔

(1770-1831)이 주장한 변증법적 '합(合)'을 이루어 나가고, 토인비(1889-1975)의 표현대로 '도전'과 '응전' 속에서 역사를 창조해 나간다. 그런데『주역(周易)』도 그런 논리를 담고 있는 듯했다. '역(易)'의 핵심 개념이 '변화(變化)'와 '조화(調和)' 아니던가? 이런 사유는, 세상의 모든 것이 영원무궁하지 않고, 끊임없이 변(變)하여 화(化)한다는 데 뿌리를 두고 있다. 때문에 '변(變)-화(化)'를 깊이 이해하고, 우리 삶에 조화롭게 적응 시켜가는 것이 중요하다는 생각이 들었다.

공부를 하다 보니, 의문이 들었다. 거북점이든 시초점이든, 운(運)에 맡겨 선택한 특정한 괘(卦)를, 나의 현재 또는 미래에 대한 지표로 삼을 수 있을까? 아무리 생각해도 그런 점복(占卜)에 대해서는 신뢰감이 떨어진다. 제대로 주역의 점복을 믿기까지는 보다 심오한 공부가 필요해 보인다. 아무리 옛 성현들이『주역』의 내용을 멋지게 해석했다 할지라도, 시대는 바뀌었고, 또한 시대정신도 그만큼 다르기 때문이다.

주역 철학과 음악 원리

『주역』강의를 통해, 내가 가장 주목한 부분이 있다. 『주역(周易)』 철학과 '음악 원리' 사이의 유사성이다. 『주역』의 철학은 '자연과 인간 사이의 조화'를 강조한다. 이는 '음악의 원리'와 매우 유사하다. 음악은 '자연의 리듬과 조화'를 반영하기 때문이다. 그 리듬과 조화의 특성이 주역의 사유에 깊이 개입되어 있다. 다시 강조하지만, 『주역』은 고대 중국 철학의 주요한 영역으로, 우주와 인간의 상호작용을 이해하려는 지혜를 제공한다. 그 핵심 개념은 '변화'와 '조화'이다. 이는 모든 것이 끊임없이 변하며, 이러한 변화를 이해하고 조화롭게 적용하는 것이 중요함을 의미한다. 음악 또한 이러한 조화의 원리를 반영한다. 음악의 3요소가 '절주(節奏)', '선율(旋律)', 그리고 '화성(和聲)'이 아닌가! 흔히 말하는, '리듬(rhythm)', '멜로디(melody)', '하모니(harmony)'이다. 각각의 음(音) 하나하나, 심지어 쉼표 하나까지도 모두가 함께 모여 선율을 이루고, 이 선율이 서로 조화롭게, 또는 때때로 불협화음(不協和音)을 이루며 곡(曲)을 만들어 나간다.

심포니와 원형이정

옥스퍼드 영어사전에 의하면, 교향곡을 뜻하는 '심포니(Symphony)'는 '소리의 조화'나 '성악(聲樂)' 또는 '기악곡(器樂曲) 연주회'를 뜻하는 그리스어 '쉼포니아(συμφωνία)'와 '조화로움'을 뜻하는 '쉼포노스(σύμφωνος)'에서 나온 낱말이다. 음악에서, '도', '미', '솔', 그리고 '레', '파', '라' 3개의 음이 2도, 1과½, 2와½도 차이, 그리고 1과½도, 2도, 2와½도 차이로, 서로서로 응(應)하고 합(合)하며, 또는 변화하여 멋진

화음을 이루어 나가듯이,『주역』의 괘(卦)에서 초효(初爻)는 4효(爻)와 2효(爻)는 5효(爻)와 그리고 3효(爻)는 상효(上爻)와 서로 응하거나 응하지 않은 상태로 괘를 형성한다.

음악은 자연의 리듬과 조화를 모방하고 표현한다. 예를 들어, 음악의 구조나 박자는 자연의 주기적 변화, 즉 일출과 일몰, 계절의 변화 등을 반영할 수 있다. 일반적인 4악장 형식의 교향곡 형태는 1악장에서 시작하는 알레그로, 2악장의 느린 악장, 3악장의 미뉴에트 또는 스케르초, 그리고 4악장의 알레그로 또는 론도로 바뀐다. 이는『주역』전반을 꿰뚫고 있는 '원형이정(元亨利貞)'의 구조와 유사하다. 대표적으로 비발디(1678-1741)의 바이올린 협주곡 〈사계(四季)〉에서 이러한 형태를 볼 수 있다.『주역』철학은 음악에서의 조화로운 멜로디와 리듬, 그리고 감정 표현과도 맞닿아 있다. 이런 측면에서,『주역』은 음악을 통해 자연의 원리를 이해하고 적용할 수 있는 방법을 제시하고 있다고 판단된다.

주역의 상징과 음악적 표현

조금씩 생각을 더해가다 보니,『주역』에서 사용하는 상징과 비유는 음악적 요소와 연결될 가능성을 상당히 갖추고 있다. 주역의 괘(卦)와 효(爻)는 특정한 상황이나 상태를 상징하며, 이 상징들은 음악에서 감정이나 상태를 표현하는 것과 유사하다. 예를 들어, 주역의 '건(乾: ☰)'괘(卦)는 '창조적 에너지'를 나타내는데, 이는 음악에서 강렬하고 힘찬 선율로 표현될 수 있다. 많은 '장조(Major)'의 음악, 또는 베토벤(1770-1827)의 교향곡 5번 〈운명(運命)〉과 같은 '단조(Minor)'의 음악에서도 이러한 힘을 느낄 수 있다. 〈운명〉 교향곡에서 연속해서 나타나는 '따다다 따!'는 그 '동기(Motive)'에서 보여 주듯이, 굉장히 힘찬 운명의 힘이 문을 두드리는 듯하다. 차이코프스키(1795-1880)의 〈1812년 서곡〉은 어떤가? '꽝 꽝!' 거리는 대포의 압력을 온몸으로 느낄 수 있다. 한편, '곤(坤: ☷)'괘(卦)는 '수용'과 '안정'의 에너지를 상징하므로, 음악에서는 부드럽고 평화로운 멜로디로 나타낼 수 있다. 슈만(1810-1856)의 〈트로이메라이(Träumerei: 꿈)〉 또는 '단조(Minor)'의 많은 작품에서 이를 잘 보여 주고 있다. 이러한 방식으로,『주역』의 상징적 의미는 음악적 표현과 통합될 수 있다.

음악의 점술 기능과 주역

음악은 단순히 감상의 수단을 넘어 점술(占術)의 기능을 가지고 있다. 음악의 음향과 리듬은 특정한 예언적 의미를 지니거나 신성한 메시지를 전달하는 수단으로 사용된다. 이와 유사하게,『주역』도 점술을 이끌어내는 해석을 통해 미래의 예측과 조언을 제공한다. 예컨대, 영화 〈죠스

(Jaws)〉를 보아도 그렇다. '두둥 두둥 둥!'하는 음악이 나오면, '상어가 등장하는구나!'라고 미리 짐작을 할 수 있다. 특히, '라이트 모티브(leitmotif)'가 그것을 확연하게 증명한다. '주도동기(主導動機)', 또는 '유도동기(誘導動機)'로 불리는 이 기법은 19세기 독일의 바그너(1813-1883)에 의해 발전되어 널리 사용되기 시작했다. 현대에도 거의 모든 상업 음악에서 사용되고 있다. 이는 탁월할 정도로 '점술'의 기능을 보여 준다.

무조음악에도 주역이

현대 사회에서 『주역』과 음악의 관계는 다양한 방식으로 해석되고 있다. 현대 음악 이론가와 철학자들은 주역의 원리를 음악적 창작과 해석에 적용하려는 시도를 한다. 예를 들어, 『주역』의 변화를 음악의 즉흥성이나 작곡 기법에 적용하여 새로운 음악적 표현을 탐구하는 방식이다. 20세기 서양 음악의 대표 주자라 할 수 있는 쇤베르크(1874-1951)의 경우, '무조음악(無調音樂)'과 '12음 기법'은 평소에 우리가 접하던 음악이 아니다. 이지러지고 아주 부조화한 느낌을 준다. 그것은 『주역』 38번 째 괘(卦)인 〈화택규(火澤睽: ䷥)〉를 연상시킨다. 서로의 의사가 합쳐지지 않고, 반목하며 배반하는 상태! 쇤베르크의 음악이 의미가 있듯, 〈규(睽)〉괘도 인생을 담고 있다. 또한, 최근에는 『주역』의 원리에 기반 하여 만든 명상 음악이나 치료 음악도 인기를 끌고 있다. 이는 음악이 단순한 오락을 넘어 인간의 내면적 조화와 치유를 돕는 도구로 사용될 수 있음을 시사한다.

요컨대,『주역(周易)』과 음악은 본질적으로, 자연과 인간의 조화, 상징적 의미, 점술 기능 등, 다양한 측면에서 서로 연결되어 있다. 주역의 철학적 원리는 음악의 조화와 감정 표현에 반영되고, 음악은 주역의 상징적 의미와 점술의 역할을 현대적으로 해석하고 활용하는 방법을 제공한다.

다시 돌아보아도,『주역』은 음악뿐만 아니라, 우리의 삶에 굉장히 다양한 방식으로 스며들어 있다. 태극기나 고궁의 건축원리가 주역의 사유를 깊이 품고 있듯이.

남은 시간 동안, 참다운『주역』의 맛을 깨달을 수 있도록, 위편삼절(韋編三絶)을 흉내 내볼 생각이다.

멈춤의 지혜,
중길종흉(中吉終凶)

**심
흥
식**

싸나톨로지스트, 국제공인 죽음수련감독 FT. 경단
녀(經斷女)로 지내다 뒤늦게 사회복지 공부를 하여
다시 직장 생활을 하기도 하면서, 삶과 죽음 문제에
관심을 가지고 관련된 공부를 하고 있다.

인내의 열매

송사(訟事)없는 인생이 있을까? 평온과 안정 속에서 행복
한 삶만을 누리는 일이 정말 가능할까?『논어(論語)』「안연
(顏淵)」에서 공자가 말하였다. "송사를 듣고 재판하는 것은
나도 남들과 마찬가지다. 하지만 나는 반드시 송사 자체를
없게 하려고 한다!" 청송오유인야. 필야사무송호(聽訟吾猶
人也. 必也使無訟乎!) 인생의 모든 사안을 법으로만 처리할 수
는 없다. 예의와 도덕을 바로 세워, 사람살이의 근본을 바

르게 하고 서로 배려할 필요가 있다. 공자는 그랬다. 송사를 통해 문제를 해결하기보다 송사를 하지 않고 문제를 해결하는 것이 더 아름답고 소중하다!

이런 송사를 다룬, 『주역』의 괘가 〈송(訟: ䷅)〉이다. 우연이었을까, 필연이었을까? 아니, 운명이었을까, 숙명이었을까? 이 내용을 공부할 무렵, 내 인생에서 절대 일어나지 않을 것으로 생각했던 송사에 휘말렸다. 정말, 마음이 심하게 요동쳤다. 너무 억울하다는 생각이 머리끝까지 치밀었다. 당장 달려가서 상대방이 잘못했다는 것을 밝히고 싶었다. 그러나 참았다. 〈송(訟)〉괘를 배우면서 접하게 된, '끝까지 가면 흉(凶)하다!'라는 내용을 되새겼다. 그리고 법원의 '화해권고결정'을 받아들이기로 하였다. 그렇게 송사를 마무리 지었다. 이것이 '배움이 주는 유익함이 아닐까?' 애써 생각하며 스스로를 달랬다.

엄마를 위한 공부의 시작

송사까지 가게 된 배경을 쭉 거슬러 생각하다 보니, 엄마 생각이 난다. 예순을 훌쩍 넘긴 이 나이에도, '어머니'보다는 '엄마'라고 부르는 것이 편하다. 그렇게 엄마는 내 가슴 깊은 곳에, 삶의 일부로 각인되어 있기 때문이다. 갈래머리 땋고 다니던 여고 시절까지, 엄마가 머리를 땋아주어야만 외출을 할 수 있을 정도로, 나는 엄마의 사랑을 받았다.

어쩌면 과잉 보살핌이었을지도 모른다. 그리고 충실하게 직장에 다니다가 결혼을 하였다.

결혼 후, 아이 낳을 때까지 1년 정도만 엄마랑 떨어져 살았다. 연세가 많으신 데도 불구하고, 엄마는 손주를 돌봐주기 위해, 우리와 함께 살기 시작했다. 그렇게 10년의 세월이 흐르는 동안, 나는 편하게 직장 생활을 할 수 있었고, 아이도 어린 시절을 할머니 품에서 잘 자랐다. 나이는 어쩔 수 없는가? 아이가 초등학교 2학년 무렵이 되자, 노환이 깊어졌는지, 엄마도 편찮으시기 시작했다. 나는 나뿐만 아니라 손주까지 잘 길러준, 엄마를 보살펴야 한다는 생각을 했다. 직장을 그만 두고, '엄마 케어'에 들어갔다.

엄마와 함께 지내는 시간이 많아지면서 문제가 조금씩 드러났다. 그 동안 함께 지내는 시간이 별로 없어서 잘 느끼지 못했던 갈등들이 나타나기 시작한 것이다. 그 즈음, 우연히 신문 광고를 보게 되었다. 마치려면 2년이 걸리는 〈평생교육원 노인지도자 과정〉이었다. 이 과정에 관심을 가진 이유는 간단하다. '노인인 엄마를 어떻게 이해하면, 현재의 갈등을 해결할 수 있을까? 이 과정을 이수하면 조금이라도 도움이 되지 않을까?'라는 순수한 마음으로 공부를 시작했다.

복지시설의 인생 경험

평생교육원의 공부 과정에서 우연히 봉사의 기회가 찾

아 왔다. 교육원에 강의하러 온 교수님이 운영하는 '한국노인의전화'라는 곳에서 '노인전화상담봉사'를 시작하게 되었다. 그런데 또 다른 기회가 주어졌다. '한국 노인의 전화'와 같이 운영하는 '노인주간보호센터'의 회계 업무가 미숙한 상황이었는데, 여기에 도움을 주기 시작하면서 '사회복지'에 관심이 생겼다. 큰마음을 먹고 사회복지대학원에 진학하였다. 그 당시는 〈노인장기요양보험법〉이 시행되기 이전으로 '노인주간보호센터'가 국가에서 보조금을 받아 운영하던 때였다.

그 후 사회복지대학원을 졸업하고, 우연히 알게 된, 사회복지시설에 취업을 했다. '요양원'과 '노인주간보호센터', 그리고 '방문요양센터'를 함께 운영하는 제법 규모가 있는 곳이었다. 노인인 엄마를 생각하면서, '어르신'들을 위해 내가 할 수 있는 일들이 무엇일까? 처음에는 유용할 것 같은 일들을 찾아가면서 열정적으로 일했다. 보람을 느끼며 즐겁게 업무를 해나갔다. 그러나 시간이 지나면서, 거의 24시간 신경이 곤두서 있는 일들에 한계를 느꼈다. 몸도 마음도 지쳐 갈 무렵, 복지법인으로부터 사무국장을 겸임해 달라는 요청이 왔다. 좋다. 마침 잘 됐다! 사무국장 자리를 거절하는 동시에, 아예 사표를 내고, 그 직장을 그만 두었다.

사실은 일이 힘든 것도 있었다. 하지만, 병상에 누운 상태에서 자식도 알아보지 못하고, 의식도 없이 몇 년 씩 그냥 누워계시는 어르신들을 보면서, 너무나 많은 생각을 했기 때문이다. 삶과 죽음이 무엇인가? 인생에 관해, 깊이 고심하다보니, 심란하면서도 심신이 지쳐가던 때이기도 했다.

황당한 송사의 시작

복지시설에서 퇴사한 후, 마음을 달래고, 또 앞길도 모색하기 위해, '상담(相談)' 공부를 시작했다. 그리고 삶과 죽음에 대해서도 더욱 관심을 가지고, 존엄한 죽음을 위해 도움이 될 수 있는 일을 찾기 시작했다. 그런 와중에 생각지도 못한 일이 생겼다. 거의 10년 전의 일로 소송을 당한 것이다. 너무 오래 전의 일이기에, 어떤 사안인지 생각이 잘 나지 않았다. 당시 다녔던 직장의 후임 센터장에게 연락하여 자초지종을 물어보려고 만났다. 후임 센터장은 나름대로 협조적이었다. 자기도 관련된 일이라서 그런지, 복지법인에 자기가 보고한 서류 복사본을 전해 주었다. 그러면서 자기는 현재 근무하고 있으므로, 이미 과징금을 변상하겠다는 각서를 쓰고 공증도 받아서 복지법인에 제출했다고 했다.

소송 이야기를 듣고, 처음에는 노무사와 상의했다. 노무사는 법인에서 과징금 서류를 받은 지 3년이 지났기 때문에 손해배상청구 소멸시효가 지나서 별 걱정 안 해도 될 것 같다고 했다. 별일이 없을 것 같아 마음을 놓았다.

그런데 막상 소송 서류를 받아보니 상황이 심각했다. 시효가 10년인 '구상권' 청구로 소송을 제기한 것이었다. 분노가 폭발할 지경이었다. 그렇게 힘들어하는 나를 보면서 딸이 제안을 하나 했다. "엄마, 금액도 많지 않으니 내가 소송을 대리하면 어떨까?" 내가 너무 감정에 휘둘리는 것 같아 보였는지 제 3자인 자기가 객관적으로 참여하는 것이 좋을 것 같다는 얘기였다. 처음에는 딸에게까지 부담을 지우는 것 같아 미안했다. '괜찮다'고 거절하려다 다시 생각해 보았다. 딸은 글을 쓰는 작가이다. 그러므로 이 일이 어쩌면 딸에게는 하나의 새로운 소재가 될 수도 있겠다 싶어 편하게 생각하고 딸과 함께 재판에 나서게 되었다.

재판이라는 삶의 경험

딸이 답변서를 쓰고, 난생 처음 법원에 재판을 받으러 가는 날, 정말 기분이 묘했다. 한편으로는 궁금함과 호기심도 생기고, 다른 한편으로는 내가 뭘 많이 잘못한 것 같은 부끄러움과 함께 마음속에서 커다란 분노도 일어났다. 재판정에서 딸이 판사의 말에 답변하는데, 가만히 들어보니, 사실과 조금 달랐다. 이에 정정하여 내가 다시 답변하였다. 재판이 끝나고 나오면서 딸이 말했다. "엄마에게 유리하도록 그렇게 말한 건데, 엄마가 다른 말을 해서 당황했어" "그래? 하하" 나와 딸은 코미디 같은 첫 재판을 그렇게 마무리 지었다.

재판은 여러 가지 현실을 알게 했다. 이 또한 인생의 경험인가! 재판 말미에 판사가 전문가의 조언을 받는 게 좋을 것 같다고 말했다. '우리가 미숙해 보여서 그런가?' 하지만 재판을 지켜보니, 우리에게만 그러는 것이 아니라, 변호사 조력 없이 재판에 임하는 다른 사람들에게도 모두 그렇게 말하는 것이었다. 문득, '판사는 전문가인 변호사와 일하는 것이 편한가 보다'라는 생각이 들었다. 재판을 시작하기 바로 전에 상대방이 답변서를 제출하는 것을 보고, 미리 답변서를 제출하여 상대방에게 반박 자료를 제공한 나의 미숙함도 알게 되었다. 나중에 상대방의 답변서를 살펴보니, 사실과 다른 인신 공격적 내용이 상당 부분 포함되어 있었다. 이건 또 뭔가? 진흙탕 싸움을 해야 하나? 그 싸늘한 느낌을 지울 수 없었다. 마침, 딸도 나와 같은 생각이었는지, 담담하게 말했다. "엄마, 우리 지저분한 일은 돈에게 시키고, 고상하게 살자!"

적법이 위법

복지법인 모기업은 내가 퇴사한 후에 사회적으로 커다란 물의를 일으킨 당사자였다. 한동안 떠들썩하게 뉴스를 장식한 곳이었다. 그런 만큼 다양한 사건의 재판을 상당히 많이 경험했다. 이런 복지법인을 상대로 소송에서 이길 수 있을까? 생각 끝에 우리도 규모가 있는 법무법인을 선정하여 재판에 임했다. 변호사와 처음 상담하는 자리에서 상대방의 이름을 본 변호사가 말했다. "회장이 수감 생활을 하고 나와서 아마도 최대한 자금을 끌어 모으려고 하는 것 같다. 승소가 쉽지는 않겠다." 그 말을 들으니, 왜 이렇게 한참 지난 과거 일을 문제 삼느냐고 내가 물었을 때, 후임 원장이 한 말이 생각났다. "그 회장이 이제 현장에 복귀하여 그런 것 같다'"

〈사건위임계약서〉를 다시 보았다. 소액 재판임에도 불구하고 담당 변호사가 14명이나 되었다. 아마도 소속 변호사 가운데 상당수를 적은 것 같았다. 그것을 보면서 세태(世態)를 생각했다. 요즈음 언론에 거론되는, 문제가 되는 재판에서 담당 변호사를 맡아 곤혹을 치르는 사람들, 그들이 직접 참여하지 않는 데도 그 재판에 연루되어 억울하게 되는 경우 말이다. 내 코가 석 자인 때에 이 무슨 오지랖인가? 웃음이 절로 나왔다. 그렇게 제대로 된 재판이 시작되었고, 변호사는 비슷한 판례와 10여 년 전의 요양보호사교육 교재를 찾아내어 변론 자료로 활용하였다.

과징금 처분까지 받게 된 사유는 간단했다. 요양보호사를 법적 인원 이외에 추가로 고용하여 가산금을 받았는데, 그것이 위법이란다. 내용을 살펴보면, 약간 웃긴다. 당시 요양원의 경우, 법적으로는 조리사가 한 명 있으면 된다. 그리고 조리사가 퇴근한 후 저녁 식사는 조리사가 이미 만들어 놓은 음식을 요양보호사가 어르신들에게 배식하면 되는 구조였다. 하지만, 그렇게 운영하다 보면, 어르신을 보살피는 시간이 부족하게 될 수밖에 없다. 그런 고심을 하던 차에 요양보호사를 법적 인원 외에 더 고용하면, 가산금을 주는 제도가 생겼다. 그것을 활용한 것뿐이다. 그래서 요양보호사를 더 고용하여 운영하였는데, 그것이 위법이라는 것이다. 그 당시에는 국민건강보험공단의 지도 점검이나 구청의 감사에서 그러한 사실을 모두 알면서도 전혀 지적하지 않았다. 그러던 것이 몇 년 후에 합동 점검을 받으면서 문제가 되어, 과태료 처분을 받은 것이다. 변호사가 찾아낸 교육 자료를 보면, 요양보호사 일에 그 내용이 모두 포함되기에 불법이라고 할 수 없다. 합동 점검 당시에 그렇게 반박했다면, 이러한 사태가 생기지도 않았을 텐데, 아쉬움이 컸다.

소송의 조정과 화해

소송 당사자인 복지법인의 회장은 현재 근무 중인 후임 센터장을 증인으로 신청하였다. 그러나 재판정에서 서면으로 제시하라고 하여 서면 서류를 낸 것을 보니, 후임 센터장의 고심이 느껴졌다. 후임 센터장은 나를 만났을 때, 복지법인에 제출한 보고서류 사본을 주었다. 상대방이 주장하는 내용과 상반된 내용이 많았기 때문에, 내가 그것을 재판정에 증거로 제시하여 곤란을 겪었을 것 같아 미안했다.

이런 지난한 과정을 거쳐, '화해권고결정'이 났다. 담당 변호사는 판결문을 보면 100% 우리 손을 들어준 것 같다고 말했다. 더 이상 재판을 진행해도 그 이상의 결과는 얻기 힘들 것 같고, 이의제기를 하면, 아마도 상대방에서 할 것이라는 것이다. 처음 계약할 때, 큰 재판이 아니기에 대법원까지 가도 더 이상 변호사비는 내지 않아도 된다고 했다. 그들은 이런 결론이 날 것을 이미 예상하고 일을 진행한 것 같다. 나만 몰랐나? 소송에 문외한이니 그럴 수밖에, 누굴 탓할 수도 없다. 상대방도 이의제기를 하지 않아서 법원의 조정 내용대로 재판은 마무리 되었다. 그들도 예상하고 시작한 일이었을까? 판결 내용은 다음과 같다.

"위 사건의 공평한 해결을 위하여 당사자의 이익, 그 밖의 모든 사정을 참작하여 다음과 같이 결정한다(피고의 직무수행 상 잘못이 개인적 이익을 목적으로 한 것이 아닌 점, 직무수행자 입장에서 〈노인장기요양보험법〉의 인력 추가배치 가산기준에 위반되는지 여부를 명확히 판단하기 쉽지 않고, 그에 관하여 원고가 충분한 교육이나 합리적 판단시스템을 지원한 것으로 보이지 않는 점 등을 고려하면, 피고의 손해배상책임을 일부로 제한함이 합당하다고 할 것인바, 이것으로 분쟁을 종결하고 각자 본연의 업무와 생활의 장으로 나아가기 바랍니다)."

흉(凶) 가운데 움트는 길(吉)

일부 손해배상책임 금액과 변호사 비용을 더하고 보니,

상대방이 요구한 금액보다 약간 적은 금액이 지출되었다. 하지만 더 중요한 삶의 흔적이 나를 위로해 준다. 생애 처음으로 당해본 소송에서 내 인생을 돌아볼 수 있는 기회가 주어졌다. 전적으로 내 잘못이 아니라는 사실! 상대방과 진흙탕 싸움을 벌이지 않았다는 점! 그래도 내 마음이 황폐해지지 않을 정도의 삶이었다고 생각하니, 괜찮은 선택이었다고 스스로를 위안했다.

어쩌면 인생이 참 재미있다. 이 소송이 거의 숙명처럼, 〈송(訟)〉괘를 배우는 시간과 겹쳤다. 그러다보니, 〈송(訟)〉괘의 가르침이 더욱 잊히지 않는다. 아니, 오히려 가슴에 새겨진다. 어떤 일을 시작할 때는 준비를 충분히 하자! 철저하게 고민한 후에 도모하자! '작사모시(作事謀始)!' 어떤 혼돈 속에 있을지라도 일상을 지키고, 다른 엉뚱한 곳으로 가지 않아야 괜찮으리라. '수상불출(守常不出)!'

다시 생각해 보니, 그렇다. 내 인생에서 일어나서는 안 될 '흉(凶)'이라고 생각한 일련의 과정이 과연 '흉(凶)'만으로 끝났을까? 그렇지는 않은 것 같다. 그 가운데 내가 배우고 느낀 것이 너무나 많다! 앞으로의 삶을 그려나가는데 커다란 자양분이 되리라. '흉(凶) 가운데 잉태된 길(吉)!' 그 원리를 볼 수 있는 깨달음을 얻었다. 이 얼마나 고마워 할 일 아닌가!

내 삶의
정신적 연금

윤 경 숙

여행생활자. 2024년 8월 말, 41년 6개월의 강남세브란스병원사무원을 정년퇴직했다. 꼬레아아테나 고등교육원에서 고전수업과 인문여행을 통해 슬기로운 은퇴생활자의 삶을 모색하고 있다.

최장기 근속, 첫 취업의 난관을 딛고

2024년 7~8월 현재, '퇴직 휴가' 중이다. 8월 말 정년퇴직을 앞두고, 고맙게도 2개월의 위로 휴가가 주어졌다. 근속기간 41년 6개월. 강남세브란스병원이 1983년 4월 14일에 개원했다. 나는 그보다 빠른 1983년 3월 1일에 발령을 받았다. 1982년 가을, 주요 일간신문에 다음 해 3월 개원 예정인 영동세브란스병원의 사무원 채용공고가 났다. 나는 그 공고를 보고, 별 생각없이 지원했는데 운이 좋았다. 합격이었다.

그렇게 하여 40여 년을 한 직장에서 근무했고, 이제 그 직장생활을 마감한다. 10년이면 강산도 변한다고 했는데, 네 번이나 바뀌는 세월이다. 참 오랜 시간이었다. 아니, 훌쩍 지나간 인생을 생각해 보니, 오히려 짧은 시간이었나? 돌아보면, 그 사이에 강산도, 사회도, 사람도, 많이 변했다.

병원 사무원 채용 신문 공고를 보기 한 해 전, 서울 월계동에 있는 여자상업고등학교를 졸업했다. 공부를 꽤 괜찮게 했다. 졸업 성적이 전교 다섯 손가락 안에 들었다. 하지만, 학교에서 추천해 준 회사들, 당시 여상을 졸업한 친구들이 대부분 취업하던, 은행과 보험회사는 번번히 떨어졌다. 짜증이 났다. 공부도 상위권이었고, 나름대로 잘 할 자신도 있는데, 이게 뭐지! 한참 동안 엄마의 원망과 핀잔을 받았다. "그놈의 회사 참, 뭐가 급하다고 아예 직장 문에 들어서지도 못하냐? 취업이나 좀 된 다음에 자르고 싶으면 자르지! 그거 정말!" 취업 낙방 결과가 나올 때마다, '그럴 줄 알았다!'며, 엄마는 한숨을 쉬었다.

해방과 자유, 그리고 또 낙방

고등학교 3학년 초에 '두발 자유화' 정책이 시행되었다. 당시 우리 학교는 머리 모양만 보면, 몇 학년인지 알 수 있었다. 1학년은 단발머리, 2학년은 가르마를 타서 양 갈래 묶은 머리, 3학년은 양 갈래로 땋은 머리였다. 두발 자유화가 되자마자, 나는 당장 미용실로 달려갔다. 그 아리땁던 머리를 잘라버렸다. 한 소녀의 저항 혹은 반항이었을까? 아니면 자유를 만끽하고 해방감을 느끼고 싶었던 심정이었는지 모른다. 뒤통수 머리 위의 가르마를 따라 내려와서, 양쪽으로 바짝 당겨 촘촘히 땋은, 두 갈래의 머리가 댕강 잘라졌다.

엄마가 한마디 했다. "쯧쯧! 아침마다 머리 땋아 학교 보내 놨더니만. 그놈의 제멋대로 머리하고 다니는 게, 그게 핵교여!" 커트 머리는 '아침마다 땋아주시던⋯⋯' 엄마의 신성한 일이었다. 그렇게 엄마의 단골 레퍼토리에서 해방되었다.

그런 커트 머리로 취직을 하려고 여러 번 면접을 보았다. 한 회사의 면접이 떠오른다. 면접을 하러 온 취업준비생 가운데 커트 머리를 한 학생은 단 두 명이었다. 영화 〈로마의 휴일〉에 나오는 깜찍하고 예쁘장한 오드리 햅번처럼 생긴 친구와 반항아 기질이 다분해 보이는 선머슴 같은 나. 햅번처럼 생긴 친구는, 이름만 대면 다 아는 대기업 비서실에 단번에 입사했다. 그리고는 얼마 다니지 않다가 그 회사 임원과 결혼하고는 직장을 그만 두었다.

직장 생활의 싱거운 경험들

몇 번의 면접에서 떨어진 나는, 할 수 없이 아버지가 주선한 영세기업 몇 곳을 차례로 다녔다. 종로 외국어회화학원, 청계천 봉제공장, 집에서 가까운 거여동 양말 공장. 주로 경리를 보조하는 일이었다. 이제 갓 여상을 졸업하여 아직 고등학생 티도 벗지 못한 시절이었기에, 흔히 해대는 일본말로는 '시다'였다. 내 사회생활의 시작이 이랬다. 돌아보면, 모두가 추억이다.

'리더스'로 시작하는 '외국어회화학원'에서 내게 주어진 일은 회화테이프 외판원들의 출퇴근 관리와 사무실 지킴이였다. 사무실도 시내 빌딩에 있고, 폼 나는 원피스 유니폼도 있어서 처음에는 출근할 맛이 났다. 그런데 며칠 지내다 보니 좀 따분했다. 조회시간이 특이했다. 외판원들은 박력 있게 영업을 위한 구호를 외치고 난 후, 세일즈를 하러 우르르 몰려나갔다. 그러고 나면 종일 무료한 시간을 보내야 했다. 혼자 사무실을 지키며 커피를 타 마시기도 하고, 전화도 받고, 책상을 닦거나, 영어회화 테이프를 듣기도 하고, 때로는 졸기도 했다. 한 달쯤 지났을 때였나? 출근하다가 작은 사건이 생겼다. 유니폼을 버스에 둔 채 그냥 내린 것이다. 학원에서는 개인이 잃어버렸으니 월급에서 유니폼 비용을 공제하고 다시 맞추어야 한다고 말했다. 물론, 내가 잘못하여 잃어버렸으니 내 책임이 크다. 하지만 '그까짓 유니폼이 뭐라고, 학원에서 하나 주면 되지! 월급에서 까고, 다시 맞추고. 참 나!' 순간, 소녀의 감성이 폭발했다. '예, 알았습니다. 직원을 새로 뽑으세요. 유니폼도 맞춰주시고요!' 나는 당당히 말하고 돌아섰다. 첫 직장을 그렇게 그만두었다.

그 뒤 새로 들어간 두 곳의 공장에서는 주로 경리가 작성한 서류봉투를 세무서나 관공서에 전달하는 일을 했다. 한번은 세무서에 갔는데 내 또래 여직원이 앉아 있었다. 책상 위가 그렇게 지저분할 수가 없었다. '나라면 깨끗하게 해놓고 일할 텐데!' 그녀가 너무나 부러운 한편 내가 초라해졌다. 공장에서는 경리업무는 가르쳐주지 않고 잡일만 시켰다. 일을 하며 시간이 날때마다 틈틈이 공장 옆에 있는 사장 집에 가서 아이들 공부를 봐주곤 했다. 세속어로 말하면, '시다발이'였다. 이게 정말 사회인가? 합리성이라고는 전혀 보이지 않는, 어린 마음에도 그런 생각이 들었다. '사회가 다 이런 건가?' 미싱 앞에서 땀을 흘리는 노동자들은 일이라도 있다. 그런데 나는 뭔가? 제대로 된 일도 없고, 일이 없으니 대우도 못 받는 건가? 내 위치가 애매했다. 추석 때, 사장이 공장노동자들에게 상여금과 선물을 챙겨주었다. 그런데 황당한 일이 벌어졌다. 사장이 내게 '미스 윤은 고향 안 가지?' 하고 물었다. 나는 '예!' 하고 대답했다. 그 순간 나에게는 그 어떤 상여금도 선물도 없었다. '자기 아이들까지 돌봐주며 일해 줬건만. 이게 뭐야!' 서운하면서도 묘한 감정에 휩싸였다. 어쨌건, 명절이 지나고, 회사에 나가지 않았다.

서울 이주와 인생 전환

외국어회화학원과 공장의 취업 경험! 내 어두웠던 첫 사회생활은 이렇게 문을 닫았다. 어린 마음에 원망도 깊었던 것 같다. '아버지가 알아봐 주시는 곳이 다 그렇지, 뭐!' 아버지는 지방 경찰공무원이셨다. 내가 중 2때, 불미스러운 일에 연관되어 스스로 경찰 옷을 벗었다. 가족을 이끌고 야반도주(夜半逃走)하다시피 하여, 아무 연고도 없는 서울로 올라왔다. 처음에는 동대문구 제기동 육교 밑에서 과일 행상을 하셨다. 초등학교 졸업식 때는 단상에서 상장을 수여하시던, 경찰정복 차림의 자랑스런 아버지였다. 그랬던 아버지는 어머니와 함께 아무렇지도 않게 호객행위를 하며 과일을 파셨다. 경찰서 사택을 떠나, 다섯 아이들과 함께 제기동 셋방으로 숨어들었으니, 아무도 알아보지 못하리라 여기신 듯했다.

나는 그 틈바구니에서 대도시와 시골의 차이를 뼈저리게 느꼈다. 경북의 시골학교, 고령여자중학교에서는 학생회장도 하고, 성적도 전교 최상위권이었는데, 서울에 오니 이게 웬일인가? 수준차가 너무나 났다. 아예 존재감이 없었다. 학원을 다니며 선행학습을 하는 서울 아이들을 따라잡을 수가 없었다. 무엇보다 속상했던 일은, 입만 열만 나오는 내 경상도 사투리에 반 아이들이 책상을 두드리며 뒤집어질 정도로 웃을 때였다. '비웃음' 또는 '촌놈'으로 깔보는 듯한 분위기 때문에, 가능한 한 꼭 할 말만 했다. 그렇게, 서울로 전학을 온 후, 어린 내 삶은 많은 것이 바뀌었다. 환경도, 성격도, 장래희망도. 어린 시절이었지만, 인생이 180도 전환되는 느낌이었다.

안정적 삶을 향한 소망

전학을 와서 처음 본 시험에서는 성적이 바닥이었다. 꼴찌 근처에서 맴돌았다. 그래도 기본 실력이 있었던지, 졸업을 할 때는 우수한 성적을 받았다. 집안 형편이 그렇다 보니, 어쩔 수 없는 길을 선택했다. 3년 장학생으로 받아 준다는 여자상업고등학교로 진학을 결정했다. 그렇게 여상 시절이 시작되었다. 고등학교를 다니는 동안, 내 학비는 해결되었지만, 세 명 남동생 학비와 생활비로 늘 쪼들렸다. 아버지의 갑작스러운 퇴직과 서울로의 이주, 그 후의 생활고는, 삶에서 안정적인 일을 찾는 결정적 동기가 되었다.

당시는 다른 데 눈 돌릴 겨를이 없었다. 어찌 보면 단 하나였다. 경제적 자립! 여상 졸업과 동시에 취직을 하는 것이었다. 졸업만 하면, 돈벌이를 할 수 있을 줄 알았다. 그런데 그게 쉽지 않았다. 사회는 만만치 않았다. 냉혹했다.

외국어회화학원을 비롯하여 공장 등, 몇 번의 이직을 겪으며, 일 다운 일을 하고 싶었다. 좀 그럴 듯한 직장에서,

안정적으로, 오래 일하고 싶었다. 그렇게 머뭇거리고 있을 때, 우연히 신문 하단에 난 모집 공고가 내 인생을 구원할 동아줄이 되었다. 친정어머니는 신문을 보는 게, 일종의 취미였다. 서울로 야반도주해서 과일 행상을 할 때, 신문도 같이 팔았다. 과일 행상을 그만 둔 후에도 집안 형편은 좀처럼 나아지지 않았다. 그래도 조간신문은 꼭 구독해 보았다. 그 정도로 신문 마니아였다.

고등학교를 졸업하고 거의 1년 동안, 아버지가 소개해 준 일자리를 모두 그만 두었다. 그 뒤 공무원 시험이나 보겠다는 마음으로 수험서를 끼고 '집순이'로 지냈다. 그러던 어느 날, 우연히 신문에 난 병원 사무원 모집 공고를 보고, 영동세브란스병원, 현 강남세브란스병원에 지원을 한 것이 엊그제 같은데! 그것이 내 40여 년 근속이라는 행운을 가져올 줄이야! '안정적인 곳에서 오래 일하고 싶다!'는 한 소녀의 꿈은 이루어졌고, 게다가 정년퇴직까지 하게 되었다. 41년 6개월! 돌이켜보면 성취감과 함께 아쉬움이 교차한다.

어린 시절, 초등학교 선생님이 되고 싶었던 꿈이 있었다. 여러 사정상 안정적 직장을 찾아 근무하고 있었기에, 이제 그 꿈은 놓아버렸지만, 공부의 끈은 놓지 않았다. 직장을 다니며, 한국방송통신대학 일본학과에 진학해 공부하고 무사히 졸업까지 했다. 덕분에 지금도 일본신문사설 강독 모임을 비롯하여 일본과 일본어에 대한 취미활동을 지속적으로 하고 있다.

높은 직급으로 승진하지는 못했지만, 직장생활 내내, 병원 사무 환경의 변화에 따라 필요한 전산, 의학용어, 의료행정, 병원 외국어 등 업무 능력들을 갖추려고 노력했다. 덕분에 무사히 정년을 맞이하게 되었다. 친정어머니를 생각하면, 여러 가지로 죄송하다. 가족들 먹여 살리려고 고생만 하셨다. 퇴직 후에 근사하게 여행을 가기로 했는데, 먼저 저세상으로 떠나셨다.

『주역』특강 참여의 언저리

'일음일양지위도(一陰一陽之謂道)!'『주역』「계사상전」(5장)에 나오는 말이다. 한번은 음이고 한번은 양이다. 음과 양이 교대로 나타나는 자연의 원리를 제시한다.『주역』 공부에 참여하기를 잘했다는 생각이 든다. 8월 말 퇴직 처리가 되면 연금생활자가 된다. 연금이 내 삶을 물질적으로 보장하는 장치라면, 〈꼬레아아테나고등교육원〉에서 신창호 교수님께 배우는『주역』은 '정신적 연금'이다. 벌써 3년째이다. 내가 참여하기 시작한 22년 7월부터 지금까지, 내 휴대폰 일정표에는 줄곧 이렇게 저장되어 있다. '월요일 7시 주역 안국역 수운회관 1406호!'

『주역』을 하기 전에는『논어』특강이 있었다.『주역』은『논어』가 끝나고 이어진 강의였다.『주역』이 뭔지도 모르고 있었지만, 공부하기를 좋아하는 나는 그저 배워두면 유용하겠거니 하고 들었다. 교재로『정본 주역』책을 받았다. 이거 뭐, 펼치자마자 '한자투성이'로 된 문장과 요상한 그림들이 나온다. 'AI'니 '챗GPT'니, 새로 배워야 할 것들이 쌓여 있는데, 이런 고리타분한(?)『주역』을 배워야 할 가치가 있을까? 괜히 참여 했나? 의구심이 들었다. 그런데 시간이 지날수록 그게 아니었다. 오히려 이 시대에 더욱 필요한 학문이라는 생각이 들었다.

발견의 기쁨

신창호 교수님은 청나라 강희제 때 출간된『주역』주석의 결정판인『주역절중(周易折中)』을 300여년 만에 3년에 걸쳐 국내 최초로 한글로 완역하셨다. 한 언론사와의 인터뷰에서 신 교수님은 이렇게 얘기했다. "동양사상의 최고 위치에 있는『주역』이 중국 한나라 이후 시대별로 이해하는 방식이 어떻게 달랐는지 그 원리적 차원에서 비교할 수 있는 근거가 되는 저술이다.

오늘을 살아가는 현대인의 삶에 활기를 불어넣을 수 있는 원리 원칙들, 새로운 아이디어를 양산하는데 힌트를 주며 사고의 지평을 넓히는 발판이 될 것이다." 적어도 나에게는 그렇게 느껴졌다. 수업이 거듭될수록 의구심은 점점 옅어지고, 어느 새『주역』의 매력에 빠져들게 되었다.

수천 년 전 복희씨가 그린 팔괘, 주나라 문왕이 서백(西伯)시절 유리성에 감금되어 완성한 팔괘와 팔괘를 거듭한 64괘, 이후, 공자와 집단지성에 의해 해석이 더해진 주역! 초구(初九)에서 상구(上九)까지, 또는 초육(初六)에서 상육(上六)까지 하나의 괘(卦) 안에서 펼쳐지는 여섯 효(爻)의 양상이 흥미진진했다.

여섯 효는 자리에 따라 특성이 다르다. 특성이 다르니 역할도 다르고 본분이 분명하다. 그러니 위아래와 호응해야 살아남는다. 사람 사는 세상과 어쩌면 이리 같은가! 강의 도중에 가끔씩 무릎을 쳤다. 우리에게 익숙한 사자성어나 고사성어의 출처가 다름 아닌『주역』이라는 것도 알게 되었다. 인간이 살아가며 겪게 되는 다양한 상황과 주역 괘가 너무나 유사하게 맞아 들어갈 때는, 탄성이 절로 나왔다. 64괘를 하나씩 배워가며 '발견의 기쁨'을 만끽했다.

깨달음 하나

신 교수님은 지금 시대에 맞게, 쉽고 재미있게『주역』을 설명해 주신다.『주역』강의가 있는 날엔 퇴근하고 강의를 듣고 집에 가도 전혀 피곤하지 않았다.『주역』은 우주자연의 원리를 알려준다.『주역』을 배우면서 내 인생의 시야(視野)가 넓어졌다. 사고의 깊이와 폭이 커졌다.『주역』을 배우는 최근 2년여 동안, 병원 환경은 '코비드19'가 진정되었다가 다시 확산 되는 추세이다. 의료갈등으로 전공의들이 병원을 떠나고 있어 해결의 출구가 보이지 않는다. 안심병원의 진료 지원을 나가고, 인력지원이 안 되는 힘든 상황에서 근무를 하면서『주역』의 여러 지혜가 도움이 되었다.

'역지위서야(易之爲書也), 광대실비(廣大悉備), 유천도언(有天道焉), 유인도언(有人道焉), 유지도언(有地道焉)!'『역』이라는 책에는 넓고 크게 모두 갖추고 있다. 우주의 길, 사람의 길, 자연의 길! 저 하늘과 인간사회, 그리고 땅의 원리와 작용! '하늘-인간-땅'의 삼재(三才)을 품고 살아가는 내 인생의 축제! 교수님께서「계사하전」(10장)의 이 문장을 설명할 때, 내 머리에서는 폭죽이 터지고 있었다. '팡, 팡, 팡!' 이렇게 위대한 사유가 또 있을까!『주역』에서 인생을 발견한, 기쁨의 환호였다.

나는 깨달음 하나를 얻었다. 퇴직을 하면 내 물질적 삶을 담보해줄 '연금'이 있다. 하지만, 삶에서 답이 나오지 않을 때,『주역』은 내 삶을 지탱하는 '정신적 연금'이다! 그렇게 오늘 도『주역』을 펼치며 지혜를 얻는다.

아주 오래된,
새 길

이
병
욱

(주)이안앤씨 이사. 건축공학을 전공하고 건설 기술인의 길을 쭈욱 걸어왔다. 평범한 가장이자 평범한 직장인이며 평범한 60대 남성이다. 50대 후반, 고통의 의미를 묻는 과정에서 삶의 의미를 대답으로 얻었다. 동아시아의 고전을 깊이 있게 천착하며, 허물없는 인생 후반전을 살고자 한다

태풍과 태풍의 눈

"교수님! 그렇다면 '효야자(爻也者)'가 '천하지정자(天下之靜者)'는 본받지 않는다는 뜻일까요?"『주역』「계사하전(繫辭下傳)」3장을 강의하는 시간이었다. "효야자, 효천하지동자야(爻也者, 效天下之動者也)!"를 풀이하는 중간에 난데없는 내 질문이 끼어들었다. 교수님의 담담한 말씀 한마디. "정(靜)은 동(動)속에 이미 포함되어 있지요!"

순간 죽비로 머리를 얻어맞은 듯 정신이 번쩍 들었다.

아주 오래된, 새 길 • 137

'태풍(颱風)이 동(動)이라면, 정(靜)이 되는 '태풍의 눈' 없이 태풍이 존재할 수 있는가? 지구 저 편에 아침이 밝았으니, 내가 지금 여기서 저녁 강의를 듣는 거 아닌가?' 아직도 글자를 낱글자로서만 보는 습관을 벗어나지 못한 채, 천지자연에 가득한 큰 하나의 이치를 수시로 잊고 있었다. 내 몸과 마음을 칡넝쿨처럼 칭칭 감고 있는 이 이원론(二元論)의 뿌리는 얼마나 굵고 깊은 걸까? 『주역』의 깊고 광대함을 새삼스레 다시 느끼며, 책을 보는 척하며 벌겋게 상기된 얼굴을 아래로 숙여 감추었다.

내가 『주역』특강에 참여하게 된 계기는 아주 우연히 찾아왔다. 2023년 2월, 일본의 나라와 교토, 오사카 지역을 중심으로 한, 인문학 기행에 참석했을 때의 일이다. 도시샤대학 한 편에 나란히 자리한 지용(鄭芝溶, 1902-1950)과 동주(尹東柱, 1917-1945)의 시비(詩碑)를 둘러보고 있었다. 그때 일행 가운데 한 분이 즉석에서 한국문학사에서 차지하는 두 분의 위상과 두 분을 기리는 의미에 대해 전문가의 식견으로 설명해 주는 게 아닌가? 다른 분들 역시 저마다 인문학적 소양이 만만치 않았다.

풍덩, 주역의 바다에

귀동냥으로 들으니, 일행 가운데 많은 사람들이 인솔자인 신창호 교수님과 함께 『주역』을 공부하고 있단다. 귀가 솔깃했다. 청년 영문학도 동주가 공부하던 강의실을 둘러보고 나온 직후였던가? 기행 전 사전강의 때 얼굴을 익힌 박일호 선생에게 용기를 내어 물었다. "한문 실력이 형편없는데, 나도 주역을 공부할 수 있을까요?" 대답은 간단했다. "한문 잘 몰라도 됩니다. 인문학 강의 듣는다고 편하게 생각하고, 일단 시작하면 됩니다." 진심을 담아 하는 시원스런 대답에 그 말을 곧이곧대로 믿었다. 그리고 망설임 없이 다음 차 〈주역반〉에 등록했다.

첫 수업에서는 〈산천대축(山天大畜: ䷙)괘(卦)〉를 배웠다. 난해한 한자들이야 그러려니 했다. 하지만, '상왈(象曰)', '단왈(彖曰)', '초구(初九), 상구(上九) 등, 듣도 보도 못했던 낯선 어휘 속에서, 내내 허우적대야 했다. 용케도 "천재산중(天在山中)이 대축(大畜)이니"라는 한 구절을 얻은 건 행운이었다. 게다가 머릿속에서 계속 그림이 그려지고, 내 안에서 질문들이 끊임없이 떠오르는 신비한 경험도 했다. 그렇게 나의『주역』공부는 시작되었다. 그리고 주역의 바다에 풍덩 빠져 헤어 나올 수 없게 되기까지는 불과 몇 달이 걸리지 않았다.

불면의 날들, 상처투성이인 나

50대 중반을 넘어선 어느 날, 지치고 상처투성이인 나를 만나게 되었다. 잠 못 이루는 밤이 많아졌다. 불면증인가? 가슴을 쥐어짜는 듯한 통증에 시달렸다. 머리가 뜨거워 머리카락이 늘 땀으로 흥건했다. 온 몸 곳곳에서 염증이 자라고 있었다. 눈동자가 나도 모르게 초점 없이 흔들릴 때가 많았다. 밭은 숨을 몰아쉬고, 쉬 지치고, 일에 집중할 수 없었다. "열심히 살아왔고, 큰 죄를 지은 것도 없는데, 제게 왜 이런 고통을 주시나요?" 하늘을 원망해 보기도 했다.

수많은 병원에 다녀봤지만, 특별한 처방은 없었다. 견디다 못해, 회사에 사직서를 제출했다. 매일 광교산을 오르며 체력을 키웠다. 어느 정도 걸을 만해진 후, 제주 올레길과 한라산을 걸었다. 그 다음 달엔 아예 강원도 오대산 근처에 숙소를 정하고, 한 달에 걸쳐 주변의 큰 산들을 매일 10시간 이상 걸었다. 회사를 사직한 후 3~4개월이 지나자 몸무게가 10kg 가까이 빠지고, 허벅지와 엉덩이가 돌덩이처럼 단단해졌다. 험한 산을 날아다니는 듯 걸었다. 가쁜 호흡도 편안해지고, 몸이 피곤해서인지 일단 잠들면 중간에 깨지 않고 아침까지 푹 잘 수 있게 됐다.

마음 속으로, 발을 내딛다

문진표를 제출한 후로도 한참을 기다려야 했다. 드디어 "이병욱 선생님 들어가세요."하는 소리가 들렸다. 진료실 문을 열고 안으로 들어섰다. 커트 머리의 의사 선생님이 일어나서 맞아 주신다. "어떻게 오시게 됐죠?" 정중한 목소리로 묻는다. 나도 차분히 대답했다. "몸이 아파 회사를 그만둔 후 건강관리에 힘써서 많이 좋아졌습니다. 그런데 주변에서 완전히 회복되는 게 더딘 것 같으니, 심리 상담을 한 번 받아보는 게 좋겠다는 조언을 하더군요. 일리 있다 싶기도 하고, 몸이 어느 정도 회복되었으니, 일을 다시 하는 게 좋겠다는 생각도 들어서요."

"회사에 복귀하고 싶으시군요?"

"네. 그렇습니다."

"회사는 왜 그만두셨나요?"

대답을 하려던 순간, 없어진 줄 알았던 증세가 다시 나타났다. 가슴이 쿵쾅거리고 심장이 쥐어짜듯 아파온다. 목구멍 위 허공에서 말이 만들어지는 듯, 말이 모아지지 않고 허공으로 샌다. 얕은 숨과 함께 내뱉듯 겨우 말하는 중간 중간, 호흡이 가빠온다. 머리가 죄어 온다. 식은땀이 정수리부터 등골을 타고 꼬리뼈로 흘러내린다. 눈동자가 불안정하게 흔들린다. 비로소 나는 내 아픔이 육체의 강건함이 부족해서 오는 게 아님을 명확히 깨달았다. 등산과 오래 걷기, 정성된 미사와 진실한 고해성사도 좋지만, 상처 난 마음부터 돌보고 치료하는 게 무엇보다도 우선임을 받아들였다. 그리고 그날부터 새로운 걸음을 시작했다.

독서의 힘

상담을 받으며 수많은 책을 읽었다. 『성경(Bible)』을 통독했고, 『반야심경(般若心經)』을 필사했다. 그런 정성 때문이었을까? 무사히 복직도 하고, 점차 마음이 안정되어가면서 독서 범위가 차츰 넓어졌다. 이부영(1932-)선생의『분석심리학』, 『그림자』, 『아니마와 아니무스』, 『자기와 자기실현』을 몇 번씩 통독했다. 폰 프란츠(Marie-Louise von Franz, 1915-1998)의 책과, 빌헬름(Richard Wilhelm, 1873-1930)의 『황금꽃의 비밀』에 붙인 융의 해설을 찾아 읽었다. 융(Carl Gustav Jung, 1875-1961)의 『인간과 상징』, 『레드 북(Red Book)』은 수많은 꿈과 상징, 이해하기 어려운 대화로 가득했다. 그러나 이해하기 어려워도 좋았다. 낯선 것과 대면하는 게 짜릿하고 상쾌했다. 그렇게 융을 만났다.

그러던 어느 날 서양인 융의 눈으로 바라본 노자(老子)에 꽂혔다. 융의 시각은 신비로웠다. 궁금증이 생긴 나는 노자 해설서를 닥치는 대로 찾아 읽었고, 어느 순간부턴가 한자 원문을 읽으면서 내 나름대로 뜻을 궁리하는 시간이 늘어갔다. 신기했다. 2천 년 전 노자의 말씀이 머리가 아닌 가슴으로 받아들여지다니. 그러던 어느 날, 주머니에 넣고 다니며 수시로 꺼내 읽던 문고판『노자도덕경』에서 "노자서(老子書)의 근원은 주역(周易)이다."라는 글귀를 만났다. 막연히 알고 있던『주역』에 대해 관심이 생기기 시작했다.

융의 길을 따라 걷다가 이번에는 헤세(Hermann Hesse, 1877-1962)를 만났다. 『나르치스와 골드문트』, 『유리알 유희』를 도서관에서 빌려 다시 읽었다. 헤세가 소설 속에서 보일

듯 말 듯 펼쳐내는 주역의 세계는 막연한 관심만 갖고 있던 나의 호기심에 불을 붙였다. 게다가 불길이 점점 거세지도록 끊임없이 부채질 하였다. 그러나 주역은 내게 쉬운 접근을 허락하지 않았다. 작년 초, 일본 인문학 기행에 가고 싶다는 마음을 내기 전까지. 두 해가 그렇게 흘렀다.

아직도 나는 술래

그 두 해 동안, 나는 틈만 나면 내 안에 숨어 있는 또 다른 나와 숨바꼭질을 했다. 현실의 나는 언제나 술래였다. 또 다른 나는 아주 오래 꼭꼭 숨어 있다가, 아주 가끔 슬며시 나타났다. 그러나 내가 얼굴을 확인하거나 손을 대려고 하면, 금세 먼지처럼 사라졌다. 나타날 때는 늘 모습이 바뀌었다. 어떤 날은 앉은뱅이 걸인의 남루한 모습으로, 어떤 날은 강철 그물로 짠 갑옷을 입은 여인의 뒷모습으로, 또 어떤 날은 도저히 사람이 낼 수 없는 높은 옥타브의 고운 가락을 능숙하게 노래하는 소녀의 모습으로 나타났다.

그러던 어느 날, 그릇을 닦으며 미소 짓는 한 여인이 나를 정면으로 바라보았다. 나를 바라보면서도 그릇 닦는 손은 쉬지 않는다. 내가 먼저 눈싸움을 걸었다. 나는 두 눈에 잔뜩 힘을 주고 미간을 찌푸리며 이겨보려 용을 썼다. 하지만, 여인은 끝까지 미소를 거두지 않았고, 그릇 닦는 손을 멈추지 않고도 손쉽게 나를 이겼다. 한참이 지난 후 짐작했다. 어쩌면 그게 또 다른 나와의 첫 눈 맞춤이었을지 모른다고.

그날도 내가 술래였고, 또 다른 나를 아무리 불러도 대답이 없던 날이었다. 저만치 한 아이가 보였다. 깜깜한 빈 마당에 한 사내아이가 보였다. "못 찾겠다 꾀꼬리. 항아리 쓰고 나와라." 아무리 외쳐도 친구들이 나타나지 않는 깜깜한 밤에, 끝까지 친구들을 찾아 술래를 하던 열한 살 어린 나이의 내가 두 눈을 동그랗게 뜨고 서 있는 게 보였다. 서로 아무 말도 하지 못하고 어색한 침묵 속에서 그 애와의 첫 만남은 짧게 끝났다. '그 애가 또 다른 나일까?' 지금도 알 수 없다. 그래서 아직도 나는 술래다.

술래인 내가 또 다른 나에게 건네는 말은, 빈 하늘에 짜는 그물 같았다. 침묵으로만 채워지는 두꺼운 사전 같았다. 하늘에 쳐야 할 그물인데, 하늘의 크기에 비해 너무 작고 초라했다. 구멍이 너무 넓거나 너무 좁아서 아무 것도 걸릴 것 같지 않아 불안했다. 두께만 더해 가는 사전은 어디 써먹을 수나 있을까 의문이 생기기도 했다. 하지만 나는 그물의 넓이를 끝없이 키워나갔고, 침묵의 두께를 더욱 더 두터이 했다. 왜냐하면, 나는 아직도 술래니까.

나에게 던지는 나의 말

해와 달이 수백 번 가고 다시 오기를 거듭한 어느 날, 내

안에서 이런 말이 들려왔다.

"나는 바다 깊이 침잠한 흰 수염고래 같아. 나도 내가 누군지 몰라. 어디서 왔는지, 어디로 가는지. 사방은 칠흑같이 깜깜해. 온몸을 묵직하게 짓누르는 아득한 느낌이 있지. 벌써 오래된 일이야. 숨을 멈춘 동안은 숨 쉬는 게 뭔지 잊어버리기도 해. 청회색의 내 몸에는 숱한 과거의 흔적들이 붙어 있어. 따개비며 홍합이며, 이름 모를 것들. 심지어 내 몸 비밀스런 어딘가엔 어린 시절 생긴 상처에 아로새겨진 신비한 그림도 있지.

내겐 어린 시절부터 흰 수염이 있었어. 고귀한 종족의 특징이라더군. 나는 천천히 헤엄쳐. 작은 물고기 떼 따위는 무시하곤 하지. 작은 욕심 때문에 갑자기 방향을 돌리는 건 몸집이 큰 내겐 쉽지 않거든. 나의 고향은 적도, 남극, 또는 알래스카이기도 해. 가끔은 동해를 남북으로 가로지를 때도 있어. 내가 지나는 걸 본 적이 있다고? 소리치며 날 불렀다고? 그럼 아마 나도 틀림없이 춤추며 신호를 보냈을 거야. 내가 헤엄쳐 지나는 자리는 길이 되고 전설이 돼. 하지만 아직 정확히 그 길을 아는 다른 종족은 없어. 가끔 솟구쳐 올라 내쉬는 숨이 커다란 분수가 될 때, 나는 한바탕 춤추고 노래하며 축제를 벌이곤 하지."

각오를 다지는 날들이었다. 쫓기며 살지 말자 각오했다. 내 영혼이 나를 따라올 수 있는 속도로 살기로 했다. 아무것도 나를 휘두를 수 없게, 내가 모든 것의 주인이 되어 살기로 했다. 내가 너의, 네가 나의 종이 아니라, 서로의 하느님으로 살자고 했다. 지식과 지혜를 구하는 길에서 해묵은 믿음이나 확신 따위를 치워버리자고. 새로운 질문과 대답으로만 늘 충만하도록. 내가 한 일보다는 하지 못한 일들이 나를 더 아프게 하였음을 알게 된 날들이었다.

이제야 나에게 부치는 편지

60년 동안 부치지 못했던 수많은 편지를 띄웠다. 그러는 동안 고통을 통해 부여된 새 삶의 의미가 조금씩, 아주 조금씩 모습을 드러냈다. 죽을 만큼 고통스러웠는데, 치료제는 멀리 있지 않고 그 고통 속에 있었다. 고통의 모습으로 조금 일찍 도착한 나의 부고장. 그것은 나의 죽음이 아니라 고통의 죽음을 알리는 부고장이었다. 동시에 그것은 내가 사는 것은 고통이 나와 더불어 살아있기 때문이라는 역설을 알려주는 확실한 암호이기도 했다. 고통 없는 기쁨이 어디 있으며, 죽음 없는 삶이 어디 있으랴! 진정한 기쁨과 새로운 삶의 의욕이 고통의 신비를 통해 나에게 왔다.

그렇게 두 해가 지난 2023년 2월, 나는 일본 인문학 기행에 참여하고 있었다. 그 기행은 아주 오랫동안 부치지 못했던 편지 가운데 가장 중요한 편지 중 하나였고, 수신인은 현재의 나였다. 회사와 일 밖에 몰랐던 내게 가고 싶은 곳이 생겼고, 하고 싶은 일을 실행한 것이었다. 아주 쉬운 건데 아주 어려웠고, 잠깐이면 될 일인데 너무 오래 걸렸다. 그러나 한 발자국을 떼기가 어려웠을 뿐, 새롭게 내디딘 발걸음은 또 다른 새로운 곳으로 나를 이끌었다. 융과 노자와 혜세를 통해 나의 호기심에 불을 붙여 놓고는 그동안 쉽게 접근을 허락하지 않던 『주역』. 그 세계가 바로 눈앞에서 손짓하고 있었다. 나는 주저 없이 그 새로운 세계로 성큼성큼 발걸음을 옮겼다.

너는 나, 나는 너

지난 1월 초, 『주역』의 흔적을 답사하기 위해 하남성(河南城)으로 출발하던 날 새벽, 꿈을 꾸었다. '거대한 트레일러의 뒷부분을 어떤 차가 들이받았다. 운전석이 있는 앞쪽이 90도 꺾였다. 출발하려던 트레일러가 멈추었고, 다들 난감해서 어쩔 줄 몰라 했다. 나는 망설임 없이 다가가서 꺾인 차량의 앞부분을 화물칸과 일직선이 되도록 정렬했다. 잠시 후 트레일러는 무사히 출발했다.' 꿈에서 깼다. 〈중수감(重水坎: ䷜)〉괘가 떠올랐다. 무언가 예상치 못한 일이 발생할 지도 모른다는 기미를 느꼈다. 감(坎)괘는 험난함이 중첩된 상황을 의미한다. 그러나 검소하고 꾸밈없는 진실함으로 대처하면, 허물이 없으리라는 방법 또한 제시한다. 공항으로 출발하기 전 몸과 마음을 다시 한 번 가지런히 했다.

하남성에서의 모든 일정을 순조롭게 마친 후, 인천행 비행기가 활주로로 이동하던 중이었다. 딸아이의 비명 소리가 들렸다. 고개를 돌려보니 옆에 앉아있던 큰아이 눈에 초점이 없다. 불러도 대답이 없고 정신을 잃고 쓰러졌다. 비행기 안은 순식간에 아수라장이 되었다. 엎친 데 덮친 격으로 국적 항공기가 아니어서 승무원과 말이 통하지 않았다. 최악이었다. 다행히 많은 분들이 앞 다투어 달려와 도와주신 덕분에 큰아이를 통로에 안전하게 눕힐 수 있었다. 그 순간 일행 중 한 분이 나섰다. 유창한 중국어로 구급차를 불렀고, 비행기를 돌렸다. 나와 두 아이는 비행기에서 내려 구급차로 정주대학병원 응급실로 내달렸다. 일행들이 탄 비행기는 인천공항으로 무사히 출발했다.

큰아이는 중국 의료진의 도움으로 응급상황을 잘 이겨냈다. 귀국 후 의료대란으로 인해 수술이 미뤄지는 등 우여곡절이 있었지만, 국내 의료진은 실력도 도덕성도 최고였다. 어렵고 위험한 뇌수술이 후유증 없이 깔끔하게 끝났다. 수술 후 6개월이 지난 지금 큰아이는 일상으로 돌아와 원래 하던 일을 열심히 하고 있다. 꿈속에서는 내가 난감한 상황을 정리했지만, 현실에서는 많은 은인들이 도와주어 매우 위험한 상황을 극복할 수 있었다. 또 다른 나는 타인들 속에 있었다. 내가 없는 타인이 있을 수 없듯이, 타인이 없는 나도 존재할 수 없다. 나와 남은 둘이 아닌 하나이다. 나의 마음이 너의 마음이 되고, 너의 마음이 곧 나의 마음이 된다.

역도(易道)를 향한 생생한 '마디[節]'

월요일 저녁마다 나는 꼬레아 아테나 고등교육원『주역』
특강 강의실로 향한다. 주말에는 월요일 수업 준비를 하며
즐겁고 분주하게 시간을 보낸다. 어느새『주역』공부를 중
심으로 생활에 마디가 생긴 것이다. 〈수택절(水澤節: ䷻)〉!
연못 위에 물이 있는 상(象)이니, 넘치지도 모자라지도 않게
적절한 수위를 유지하라는 뜻으로 헤아린다. '마디[節]'는
절제이고 리듬이다. 지금 나의 생활에 새롭게 생긴 싱싱하
고 푸른 마디는 60대 이후 새로운 삶의 시작을 알리는 이정
표이다. 〈절〉괘는 내게 이른다. 넘치지도 모자라지도 말라
고! 주제넘게 나대지도 말고 비겁하게 내빼지도 말라고!

『주역』은 오늘도 나에게 태초부터 전해오는 이간(易簡)의
이치를 펼쳐 보여주며, "수만 년의 세월을 너와 함께 하였
노라!" 격려하는 말씀을 들려준다. 그리하여 나는 늘 정한
마음을 새롭게 하며 길을 걷는다. 그 길은 새로운 길. 변화
의 길. 역의 길! 역도(易道)이다.

"여름이 갔다. 양귀비와 달구지국화, 선옹초와 아스터도
시들어 사라졌고, 연못의 개구리도 조용해졌다. 황새도 높
이 날아올라 작별을 준비하고 있었다. 그 무렵 골드문트가
돌아왔다."-헤르만 헤세의『나르치스와 골드문트』에서.

아수라장(阿修羅場)을 넘어서는 적소고대(積小高大)!

이
주
원

대학입시학원 원장. 대학원에서 교육의 역사와 철학을 전공하였다. 입시에 매몰되어 피폐해지는 청소년들의 일상을 보면서 안타까움을 느껴, 나름대로 교육의 본질을 고민하고, 인성교육을 접목하여 청소년들이 미래를 개척해 나가는데 작은 멘토 역할이나마 하려고 노력하고 있다.

아수라장의 전사들

인생을 살다 보면, 대부분의 사람에게 '결정적인 날'이 있게 마련이다. 매년 11월 셋째 주 목요일도 그런 날 가운데 하나이다. 대학입시를 치르는 대한민국의 수험생들이 바로 그 주인공이다. 그 날 하루를 위해, 아무리 졸리고 아파도, 성적 스트레스에 시달려도, 자신의 모든 삶을 결정이라도 하듯, 그 순간을 향해 질주한다. 다르게 표현하면, 수능과의 전쟁을 치르는 '아수라장(阿修羅場)'에 기꺼이 뛰어든다. 말 그대로 수능의 전사(戰士)들!

'아수라'는 본래 '착한 신(神)'이었다. 그런데 하늘과 싸우면서 '나쁜 신(神)'으로 변했다고 한다. 나쁜 것들이 정의(正義)의 상징인 하늘과 싸워 이기면 되겠는가? 정의를 꺾는 건, 부정(不正)일 뿐이다. 그것은 빈곤과 재앙을 몰고 온다. 정의와 부정, 그 '승(勝)'과 '패(敗)'를 갈라놓는 것은 인간이다. 인간사회가 선함을 펼쳐 정의가 행해지면 하늘의 힘이 강해져 아수라를 이긴다.

수험생들의 모습도 이 인간과 아수라 사이에서 중첩되어 드러난다.

오랫동안 가까이에서 지켜본 수험생들의 숨소리와 눈빛은 마주하기 힘들 정도로 절박하다. 자식과도 같은 저들의 삶이 어찌 저리 긴장 속에서 한숨을 몰아쉬는가? 이 시험이 끝나면, 불안과 초조와 긴장이 춤추었던 아수라장도 사라질까? 이런 궁금증도 미리 풀 수 있다면 좋으련만.

답답한 마음에, 중국 고대의 점복서(占卜書)였던『주역(周易)』의 몇몇 괘(卦)에게 물어본다.

우르릉 탕탕 조심

먼저, 〈중뢰진(重雷震: ䷲)〉괘(卦)의 육오(六五: --)가 떠오른다. 〈진〉괘의 핵심은 간명하다. '위태롭지 않은 때가 없다. 늘 위태롭다!'

이 짧은 기록, '어느 때건 위태롭다'는 '무시불위(无時不危)'의 현실이, 수험생들이 느끼는 아수라장의 상황을 대변하는 듯하다.

〈진(震)〉은 위와 아래 괘가 모두 '우레(震: ☳)'를 상징한다. 괘의 모습은 양(陽: −) 하나가 두 음(陰: −−) 아래에서 생겨 움직이며 올라가는 모습이다. 위아래에서 연속으로 울리는 우렛소리는 두려움에 떨게 만들기도 하지만, 소리만 요란하게 내는 경우도 있다.

이러한 '무시불위'의 상황을 살피며 미리 조심하면, '흉(凶)'은 어느 정도 예방할 수 있다. 때문에 〈진〉괘는 세상이 혼란스러울수록 인간이 경계하며 자기 수양으로 대처해야 함을 강조한다. 상황이 위태로운 만큼 되돌아보고, 복잡하게 꼬여 있는 세상의 관계와 위상 등을 고려하며, 삶을 대비하도록 지시한다.

"모사재인(謀事在人), 성사재천(成事在天)!" 즉, "일을 도모하는 것은 사람에게 달려 있다. 하지만, 그 사업을 제대로 성취하는 것은 하늘에 달려 있다!"라는 제갈량(諸葛亮: 181-234)의 한탄에서 볼 때, 인간에게는 노력만으로 해결하기 힘든 한계 상황이 있다.

그러므로 조심하는 마음 자세를 넘어, 그 이상의 사태를 헤아려야 한다. 세상은 혼미(昏迷)의 도가니이기 때문에 인간은 그 가물거림 속에서 무탈(無頃)을 기원할 뿐이다.

수능시험을 대비하는 수험생들이 그런 전쟁 상황에 처

하여 우르릉 탕탕대는 형국이라면, 〈진〉괘의 형상을 보는 것도 괜찮겠다.

변혁에 대응하는 양식

두 번째는 〈택화혁(澤火革: ䷰)〉괘(卦)의 단사(彖辭)에 나오는 한 구절이다. "순천응인(順天應人)!" 이는 우주자연의 이치에 따르고 인간사회의 법칙에 상응하며, 새로운 일을 할 때, 순조롭게 진행하라는 뜻을 담고 있다.

위 괘는 태(兌: ☱)이고 아래 괘가 리(離: ☲)로 조합된 〈혁〉괘는 세상을 바꾸는 '개혁'이나 '변혁', 또는 '혁명'이나 '혁신'을 나타낸다. 새롭게 바뀌거나 거듭난다는 의미의 '혁(革)'이 핵심이다. 자연 상태의 털 달린 짐승 껍질이 가공을 거쳐 유용한 가죽 제품으로 거듭나는 것과도 같다.

전반적으로 보면, '새롭게 하다'라는 의미를 기본으로 한다. 괘의 모습은 위의 연못[澤]과 아래의 불[火]이 서로 충돌하며 바뀌어 나가는 형상이다. '순천응인'은 때에 맞춰 자신의 위치와 자질을 파악하고, 변화하는 상황에 맞게 일을 추진해 나가는 삶의 양식이다. 자연의 질서를 따르는 것은 옛날 사람들이 달력을 만들어 농사를 운용하는 시기를 알고 때에 맞춰 일을 했던 것과 같다.

현재 수험생들의 일상도 유사하다. 시기별로 다양한 시험을 준비하고 그 일정에 맞춰 자신의 실력을 점검한다.

매년, 조금씩 달라질 수 있는 입시 전형에서 변화 상황을 파악하고, 동시에 지원 시기에 맞춰 입시 전략을 세운다. 그리고는 그것에 보조를 맞춰 치밀하게 공부하며, 취약 부분을 강화하면서 성적을 향상시켜 나간다. 이 과정에서 성적 향상이, 자신이 만족할 만큼 새로운 차원으로 바뀌게 되기를 꿈꾼다.

추세를 좇는 마음가짐

세 번째는 〈택뢰수(澤雷隨: ䷐)〉괘(卦)가 주는 교훈이다. '수(隨)'는 '때에 따르다!'라는 말이다. 그러므로 '수시(隨時)'는 '때에 맞춰서 순탄하게 나아간다'라는 의미가 된다.

대학 입시에서 말하는 '수시전형(隨時銓衡)'의 '수시'와는 뉘앙스가 다르다. '수시전형'은 '정시전형(定時銓衡)'과 대비되는 말이다. 즉, '정시' 이전에 내신 성적이나 면접, 논술 시험 따위의 결과를 중심으로 학생을 뽑는 일이다.

〈수(隨)〉괘를 보면, 위 괘는 연못 태(兌: ☱)이고 아래 괘는 우레 진(震: ☳)으로 우레가 연못 속에서 움직이는 모습이다. 그것은 연못 아래에 에너지가 잠복 되어 있는 상태이다.

그런 만큼, 때에 따라 바뀌어 가는 '수시변역(隨時變易)'의 상황에서, 추세(趨勢)를 읽고, 그 결정적 순간에 알맞게, 일을 처리해야 한다. 추세를 파악하기 위해 해야 할 일은, 때에 따라 마음가짐이나 자세를 점검하면서, '트렌드(trend)' 를 좇아가야 하는 것이다.

윗사람에 대해서는 아첨하며 따라가지 않고, 아랫사람에 대해서는 겸손한 자세로 따라가야 한다. 이렇게 곧게 행동을 조심하더라도, 인간사회에서는 불신과 배반이 끊이지 않는다. 타인의 불신이나 배반과 같은 상황에 부닥치더라도, 자신은 '정성을 다해 믿고 행동하며, 지혜롭게 세상을 밝혀나가야 한다.' 그것이 '부도명(孚道明)'이다.

수험생들에게는 수능시험을 보는 날이, 자신의 인생을 결정하는 순간이나 마찬가지이다. 그 하루의 거사(巨事)를 위해, 5-6년 이상의 시간을, 온 힘을 쏟아 부었다. 원하는 성적을, 그때까지 살아온 인생의 모든 결실인 것처럼, 끝내려 한다.

성적을 빚어내는 현장은 냉정하다. 미시적으로 들여다보면, 어느 한 영역도 엽등(躐等)하는 개념 없이 정확하게 위계적 질서를 따라가며 성취에 근접하게 된다. 수험생들의 '부도명'도 그와 다르지 않다. 매번 연습하는 모의고사에서 만족스럽지 못한 성적이 나와도 흔들림 없이, 담담하게 그날 해야 할 일을 해내야만 한다.

꼿꼿한 자세와 실행력을 믿고 차근차근 그렇게 실력을 쌓아 가야만 한다. 누가 어떤 말을 할지라도, 그들은 그렇게 길들여져 있다! 이것이 그들 인생의 비애(悲哀)이기도 하고, 당연한 삶의 권리이자 의무이기도 하다.

시나브로 업그레이드

네 번째는 〈지풍승(地風升: ䷭)〉괘(卦)이다. 이는 '모여서 올라가다'라는 뜻으로, 위 괘는 곤(坤: ☷)으로서 땅이고, 아래 괘는 손(巽: ☴)으로서 바람을 상징한다.

〈승(升)〉의 모습은 바람이 상징하는 나무가 땅 속에 뿌리를 내려 자라는 형상이다. '작은 것을 쌓아서 높고 크게 만들어 가다'라는 뜻의 '적소고대(積小高大)'를 추구한다. '티끌모아 태산'이라고나 할까? 나름대로 삶을 시나브로 업그레이드 하는 과정이다.

수험생들의 학업도 마찬가지이다. '적(積)'은 쌓은 만큼 딛고 나갈 수 있는 계단이 된다는 의미이다. 그러므로 보다 높고 크게 만들 수 있는 바탕을 형성한다.

〈승(升)〉은 대인(大人)을 딛고 그것을 토대로 덕(德)을 쌓아 가는 괘이다. 큰일의 경우, 마주하면 할수록, 다가가면 갈수록, 혼자서 감당해 내기 어렵게 느껴진다. 예를 들어, 어떤 높은 관직에 오르려면 이미 그 자리에 있는 사람을 딛고 올라가야 한다. 품격을 올리려면 그에 상응하는 인격자를 지렛대로 삼아야 인간의 덕망을 격상시킬 수 있다. 이러한 과정에서 자신이 원하는 지위와 자질을 획득하게 된다.

세상 모든 일이 만만하지 않다. 자신의 의지력과 노력은 삶의 당위이다. 현명한 사람의 도움은 어쩌면 삶의 필연이 되어, 보다 높이 성장할 수 있는 기반이 된다.

　수험생이 학업의 결실을 맺는 것도, 자신이 할 수 있는 모든 역량을 발휘하며 크게 되어 가는 상황과 유사하다. 조그마한 씨앗이 땅속에서 뿌리를 내리고 싹을 틔우며, 비바람을 맞으며 가지와 잎을 내고, 그 순간순간들이 축적되어 거목이 되는 것과 같다. 그렇게 되기까지, 해야 할 일의 논리는, 한결같이 '적소고대'이다.

　『주역』의 논리는 과정 가운데 이미 결과를 품고 있다. 그러기에, 본분을 지키고, 해야 할 일을 잘 처리하면서, 그 결과를 기다리고 받아들여야 한다.

어둠을 머금고 기다리기

　다섯 번째는 〈택천쾌(澤天夬: ䷪)〉괘(卦)이다. 〈쾌(夬)〉괘는 위 괘는 태(兌: ☱)이고, 아래 괘는 건(乾: ☰)으로 상징된다. 이는 한마디로 말하면, 어떤 사안을 결정해야 하는 '결단력'을 뜻한다. 상육(上六)의 음효(--) 하나가 아래의 양효(—) 다섯과 마찰을 일으키며 결단을 내려야 하는 상황이다.

　괘의 모습은 하늘 위에 연못이 있는 형국이다. 그만큼 위태롭게 여기고 경계하며 대비하는 일을 잊어서는 안 된다.

　아무리 잘 나갈 때도 느슨해지지 않고 조심해야 한다. '함회사시(含晦俟時)!'의 자세이다. '어둠을 머금고 때를 기다려야 한다!' 어둠은, 보기 힘든 시공간인 만큼, 결과를 예측

할 수 없는 긴장의 연속일 수 있다. 지금 불행하다고 서글 퍼 하고, 조금 앞서 잘 나간다고 허세를 부릴 일도 아니다. 우리의 삶은 영원하지 않다. 어떤 일이건, 끝에 도달했을 때는 반드시 되돌아온다. 한번 음(陰)이 되고, 한번 양(陽)이 되는 이치를 따라가면 오류를 줄일 수 있다.

흉(凶)한 것도 길(吉)한 일도 아닌, 그저 무난한, 길과 흉의 사이에 존재하는 인간의 길을 고민하다 보면, 끝까지 좋은 것도 없고 나쁜 것도 정해져 있지 않다. 납득하기 어려운 모순된 상황들이 발생할 때, 성찰하고 본분을 지켜가는 '길흉회린(吉凶悔吝)'의 원리가 인생을 정돈해 나갈 뿐이다.

수험생들의 길도 이런 논리를 벗어나지는 않는다. 이 지점에서, 현재의 모든 인생을 걸고 공부하고 있는 수험생들에게 한 마디 위로를 건네고 싶다.

'얘들아! 삶이 아수라장인 것처럼 느껴지더라도, 결코, 희망과 열정을 버리지 말자! 보다 나은 세상이 너희들을 기다리고 있다!'

자기를 믿고 치는 점복

『주역』을 공부하다 보니, 사람의 일은 이유 없이 '잘못'되거나, 그냥 '잘'되는 것이 아니라는 것을 수시로 깨우친다. 상황이 안 좋으면 반성하며 개선하고, 다시 상황이 좋아질 때 방심하지 않도록, 사안의 양면성을 동시에 헤아리게 만든다.

낮이 가면 밤이 오고, 추위가 지나가면 더위가 찾아오는 자연의 움직임은, 우리 삶에 끊임없이 생기(生氣)를 불어넣는다. 이러한 자연의 특성을 본받은 인간이 온전히 삶을 지속할 수 있는 방법이 무엇일까? 변화하는 상황에 맞게 '순리시행(順理時行)'하는 일이 아닐까? 일신(日新)하고 혁신(革新)해 가는 일상이 아닐까?

물과 불이, 해와 달이 그러하듯, 상반된 것들과 동시에 엮여가는 것이 인생의 의미이리라. 그런 자세가 삶의 지속성을 높여 주리라. 이는 함께 어울려 자연스럽게 따라가며 수시로 드러나는 형세를 도와주는 이치이다. 때문에『주역』의 점복(占卜)은 중요한 일을 앞에 두고, 최후의 결단을 내려야 할 때, 진짜 그런 때 시행하는 '심사숙고(深思熟考)'의 과정이 되어야 한다.

수험생이 집중하며 매 순간 간절하게 애쓰는 것과 같이, 그렇게 자신의 운명을 고민하는 일이, 진정한 점복(占卜)이 아닐까? 의심나고 두려운 문제에 대해, 자기 스스로를 믿고 쳐보는 점괘에 무엇을 기대하고 요청할 것인가?

당당한 승리 자축

다시, 물음을 던져본다. 지금 이곳이 아수라장인가?

수험생들이여! 그대의 현재 삶이 정말 지옥과 같은 아수라장일까? 나는 그렇게만 생각하지는 않는다. 오히려 천국으로 인도하는 안내자는 아닐까?

달이 모습을 바꾸며 그 자리에서 빛나듯, 이 세상의 끝에 이를 때까지 고정되어 있는 것은 없다. 모든 사물은 절정에 도달하면, 반드시 되돌아오게 된다. '물극필반(物極必反)'이다. 이런 『주역』의 이치는, '거꾸로 돌이켜보게 하는' 삶의 자세를 촉구한다. 현실이 비록 아수라장 같은 강한 기운이 느껴질지라도, 자신의 자리를 지키며 '적소고대'의 선을 행하는 어느 순간, 아수라는 존재 기반을 잃고 시야에서는 사라질 것이다.

아수라장 속 수험생은 절대 자포자기(自暴自棄)하지 말자! 그동안 쌓아 왔던 자신의 실력을 담보로 든든하게 자신을 지키자!

뿌듯하게 하루하루를 살아가는 일, 그 자체가 그대를 일으키는 힘이다. 생명력이다. 현재 이 순간에 해야 할 일을 꼼꼼하고 정확하게 해내고 있는 수험생들의 열망은 하나이다. 바로 그날, 담대하게 '유종지미(有終之美)'하며 당당하게 승리(勝利)를 자축하는 일이다. 그들 모두는 아닐 수 있겠지만, 가능한 한, 그들 대부분이, 그렇게 되기를 소망한다.

인연이
깊어지는 만큼

이
희
단

소설가, 숙명여대 교육학과 졸업. 2015년 계간 『문
학나무』에 「돌의 기억」으로 작품 활동을 시작했다.
작품집으로 『청나일 쪽으로』, 엔솔로지 『feat 죽음』
등이 있다.

믿음이 이끄는 힘

『주역』을 강의한다는 공지가 꼬레아아테네고등교육원
단체 톡에 올라왔다. 등록을 망설이다가 강의를 잘 따라가
면 무엇인가 얻을 것이 있으리라는 생각과 함께 교수님을
믿어보기로 했다. 일반인의 수준인 내가 공부를 해봐야 얼
마나 하겠는가? 그때는 그런 마음이 컸다.

『논어』강의는 거의 끝나가고 있었다. 공부뿐만이 아니
라 꼬레아아테네고등교육원에서 주관하는 인문기행에 참

가하기도 했다. 강의가 끝나가면서 학동(學同)들과 가까워지며 그들은 내 일상에서 점차 소중한 사람들이 되어갔다. 말은 하지 않아도 알 수 있는 마음들이 있었다. 그러나 『주역』은 공부하기가 어렵다는 말을 들어왔고, 조금은 내가 쓰는 글과는 먼 거리에 있다고 여겨졌다.

약간의 호기심은 있었지만, 전문적인 공부를 한다는 것이 벅차다고 생각했다. 그러나 어느 세미나에서 『주역』을 공부하는 사람이 스스로 자신을 자랑스러워하는 것을 보고, 이상한 오기(傲氣) 같은 것이 생겼다. 그런 오기도 『주역』 강좌에 참여하는 한 원인이 되었으리라. 이렇게 해서 나의 『주역』 공부는 시작되었다. 공부란 가르치는 사람과 배우는 사람 사이의 믿음과 신뢰가 있어야만 한다! 그것이 나름의 소신이다. 물론, 나는 『주역』을 가르치는 신창호 교수님을 오래 전부터 알고 있었고, 먼저 『논어』를 공부하면서 나름의 판단은 섰다. 그러나 무엇이건 처음부터 적극적이지 못한 성격은 공부를 망설이게 했다. 그러나 『주역』특강 참여를 결정하고, 듣기 시작한 『주역』은 나의 그런 불확실성을 멀리하게 만들었다.

공부를 하면서 나를 들여다보는 시간이 많아졌다. 소설 속에 차마 쓰지 못했던 것들이 생각났다. 소설공부를 시작했던 과정과 그 이후의 일들이 주마등처럼 스쳐 지나갔다. 어느 하나에도 인연이 닿지 않은 것이 없었다. 그것은 생각할수록 이상한 일들의 연속이었다. 사람과의 인연에서 시작된 인생 2막이었다.

나를 찾으라는 충고

지천명(知天命), 나이 50이 되면서 나는 나의 것을 찾아야 한다는 이상한 절박감에 사로잡히곤 했다. 지나온 세월들이, 나 이외의 것에 모든 시간을 다 주었다면, 이제는 시간을 온전히 나의 것으로 하고 싶었다. 학교 근처에 살고 있던 큰아들이 집에 잠깐 들렀다. 입대하기 며칠 전이었다.

"엄마, 요즘은 100세 시대라고 해요, 무엇이든 하나를 잡아 끝까지 해보세요."

그 말을 남기고, 아들은 나의 곁을 떠났다. 남겨진 나에게, 그 말은 가슴 속에 무겁게 눌러앉았다. 가뜩이나 혼란스러운 날들을 보내고 있던 나를 더욱 곤혹스럽게 만들었다. 그때 불현듯 사로잡힌 생각은 나를 쉬이 놓아주지 않았다. 무엇을 어떻게 해야 한단 말인가? 50세를 한 해 앞두고, 처음으로 친구와 해외여행을 갔다. 친구는 고등학교 교사였다. 터키여행에서 느꼈다. 친구가 나를 안타깝게 여기는 눈길로 보는구나! 여행 내내 그 눈길을 떨쳐버릴 수 없었다. 겉으로는 드러내지 않았지만, 눈치가 빠른 내가 그것을 모를 리 없었다. 친구에게, 나는 그토록 불쌍해 보였단 말인가! 초라했다. 손에 아무것도 쥔 것이 없었다. 마음은 허허롭기만 했다.

기행과 인생 2막

터키를 다녀온 후, 마음속에 계속 머물던 미진한 어떤 덩어리가, 거머리처럼 달라붙은 듯 없어지지 않았다. 그래서 용기를 내어 홀로 몽골로 떠났다. 몽골 여행은 나답게 살게 되리라는 어떤 예감을 강하게 주었다. 평생 처음 하는 홀로 여행이었고, 나는 무사히 그곳을 다녀왔다. 그 여행은 자유(自由)에의 갈망을 채워 준 여행이었다. 여행은 나에게 '자유로움'을 선물로 주었다. 혼자 무언가를 해 볼 수 있으리란 자신감. 결혼 이후 처음 맞는 감정이었다. 그러나 안타깝게도 마음속 덩어리는 계속 나를 따라다녔다. 무엇을 할 것인가?

아마 그래서 여행을 자주 했는지도 모르겠다. 그때는 주로 제주도로 여행을 다녔다. 〈문학사랑〉이란 문학 단체에서 주관하는 기행이었다. 소설가와 화가가 함께 하는 '문학미술(文學美術)'기행이었다. 한 달에 한 번씩 가는 2박 3일, 3박 4일의 제주 여행으로 1년을 보냈다. 돌이켜보면 친구와 함께 한 터키 여행에서 느꼈던 그 초라함, 가까운 지인의 시선으로 반추한 내 삶의 헛헛함, 그것은 꽤 큰 아픔이었지만 한편으론 구원의 손길이었다. 그 경험으로 인해 나는 새로운 걸 배우는 데 주저하지 않았고 가지 않던 길로 가보고자 마음먹을 수 있었다. 주역이 말하는 인생의 묘미란 게 이런 것일까? 내게 아픔을 주었던 시선이 구원의 손길로 바뀌게 되었으니 그것은 다시 생각해 봐도 틀림없는 사실이었다. 친구의 눈길에서 나는 정신을 차렸으니까.

제주에서 한 소설가를 만났다. 그의 강연은 숙제처럼 남아있던 마음속 덩어리를 없애주었다. 강연은 '인생 2막'에 관한 것이었고, 지금부터라도 소설을 쓰라는 것이었다. 그의 말은 나를 유혹하기에 부족함이 없었다. 그리고 자신감을 불어넣어 주었다. 대학시절부터 꿈꿔왔던 소설은 나에게 그렇게 다가왔다. 제주에서 돌아온 나는 그날부터 '소설공부'를 새로이 시작했다. 그리고 기회가 닿는 대로 다시 여행을 다녔다 내 삶의 흔적, 소설의 주제 찾기를 위한 여행이었는지도 몰랐다. 그렇게 하염없이 제주의 올레 길을 걸었다. 여럿이 혹은 홀로. 제주는 당시의 나에게는 새로운 땅이었다.

등단과 인생 시(詩)

몇 년의 습작(習作) 기간을 거쳐 한 문예지(文藝誌)로 등단(登壇)을 했다. 그렇게 작품 활동이 시작되었다. 소설을 쓰는 사람이 된 것이다. 그러자 겁이 났다. 소설에 대해 얼마나 알고 있는지 의심이 들기 시작했다. 한국 소설의 계보(系譜)부터 차근차근 읽었다. 러시아, 프랑스, 미국, 일본의 소설 흐름도 공부했다. 열정적으로 부지런히 읽었다. 물론, 현재의 한국 소설들도 거의 읽어보려고 애를 쓰곤 했다. 결국, 소설은 자기가 아는 이야기를, 자기 식으로 쓰는 것이라는 사실을 어렴풋이 깨달았다. 소설에서 가장 중요한 '문장(文章)' 공부도 나름대로 틈틈이 하며 소설 기법도 공부했다. 그 선생님과는 문학의 사제(師弟) 관계로 거듭났다. 나는 그가 쓴 〈사랑의 길〉을 나름의 '인생 시(人生 詩)'로 여기곤 했다. 은하수를 건너, 우주를 건너, 먼 길을 가야만 하는, 그것이 사랑이라는 것이라는 것을.

〈사랑의 길〉

윤후명

먼 길을 가야만 한다
말하자면 어젯밤에도
은하수를 건너온 것이다
갈 길은 늘 아득하다
몸에 별똥별을 맞으며
우주를 건너야 한다
그게 사랑이다
언젠가 사라질 때까지
그게 사랑이다

— 『새는 산과 바다를 이끌고』 중에서

끝까지 가야 깨달음이

『주역』을 공부한다고는 했으나 앞을 가로막는 장벽 하나가 버티고 있었다. 턱없이 모자란 한자, 또는 한문 실력이 그것이었다. 중·고교시절에 배운 한자로는 너무나 부족했다. 그러나 강의를 열정적으로 하는 교수님을 따라가다 보니, 『주역』의 흐름이나 맥을 짚을 수 있었다. 여기까지 좇아가는 것도 쉽지만은 않았다. 그러나 주역에서 말하는 '도덕적 인간(?)'이 된다는 것은 소설을 쓰는 나 같은 사람과는 맞지 않는 것처럼 느껴졌다. 자유로운 영혼을 추구하는 나에게, 간혹 엄격한 규율이 등장하는 대목에서는 당황스럽기도 했다. 유교적 엄정성에 인생을 맞춘다는 것은 참으로 어려운 일이었다. 나는 여전히 반신반의(反信反疑)하고 있었다. 『주역』 64괘가 끝날 때까지 그랬다. 「계사전(繫辭傳)」을 읽으면서 여러 의문들이 풀리기 시작했다. 그래서 그런가? 야구 게임도 '9회 말 투아웃'부터이고 인생도 '60부터'라는 말도 있지 않은가. 모든 것은 끝까지 가봐야 한다. 내 삶도, 『주역』도 끝까지 해봐야 깨달을 것 같다.

인연이 낳은 인연

사람들은 점을 치기 위해 역술가(易術家)를 찾아간다고 했다. 그러나 교수님은 다른 양식으로 독해를 했다. '점복

(占卜)은 자기 스스로 찾아야 한다!' 이런 강의와 더불어『주역』의 수많은 문장 사이에서 '사자성어(四字成語)'로 정돈하여 내용 이해와 사유의 폭을 넓혀줄 때는, 묘한 재미를 느꼈다. 사실 나는, 지나온 날들을 통해 앞으로의 시간을 어떻게 보내야 하는지 찾아보려 했다. 64괘와 384효를 공부하는 것이 벅찼다. 끝내, 스스로 나 자신의 점복을 찾는 것은 포기해야 했다. 이것이 어쩌면 다시 공부하는 계기가 될지도 모르겠다.

학동들이 궁금해(?) 하는 신창호 교수님과의 인연도 이 기회에 밝히고 싶다. 30여 년 전 그와 나는 어느 가정교회에서 만났다. 삼십대 초반과 후반이었다, 일 이년 후에 신 교수는 공부를 위해 교회를 떠났다. 그 후, 나는 그의 소식을 전혀 듣지 못했다. 오랜 세월이 흐른 후, 어느 강연을 듣는 자리에서 그를 보았다. 그 날의 강연자가 바로 신 교수님이었다. 참 놀라웠고 신기했다. 그때 강의를 통해 다시 만난, 그 장면은 나의 뇌리에 깊이 새겨졌다. 다시, 그 후, 『주역』공부에 참여하면서는, 스승과 제자가 된 것이다. 인연은 이런 것인가! 인연은 인연을 낳고 인연을 만들기도 한다. 즐거우면서도 두렵다. 그러기에 어느 자리 어느 때라도 항상 겸손하게 살 일이다. 이 또한『주역』에서 누누이 설명하던 말씀 아니던가. 특히, 높은 지위나 많은 재력이 있는 사람, 이른바 정치적 권력(權力)과 경제적 금력(金力)을 가진 자는 더욱 겸손하게 처신하여 아랫사람의 원망을 들지 말아야 한다는 말씀.

우환의식(憂患意識)을 가슴에 품고

아는 것이 별로 없는 나는 믿음직한 교수님의 말씀으로 끝을 맺으려 한다.

"'시간(時間: Time)'은 흐르고 '공간(空間: Space)'은 맴돈다. '인간(人間: human being)'은 그 시간과 공간을 타고 '생(生: life)'을 영위한다. 아니, 시간과 공간을 짊어지고, 삶의 곡예사가 된다. 삶은 매순간, 단절과 지속 가운데, 변화(變化)를 따라 순천응인(順天應人)하고 있을까? 반관(反觀)의 성찰(省察)이 시간과 공간을 종횡하며 소식(消息)하는 걸까? 점서(占書)여서 그런지 『주역』의 효(爻)와 괘(卦)에는 점사(占辭)가 파노라마처럼 이어진다. 거기에 철학 사상을 이입하며 의리(義理)를 캐물어 들어가면, 넓고도 깊은 사유의 오리무중(五里霧中)을 경험한다. 점서여서 그런가! 시구(詩句)처럼 짧은 글귀에서는 신비적이고 미신적이며 원시적 주문(呪文)이나 주술(呪術)이 강렬하게 느껴지기도 한다. 그러나 그 이면에는 인간 사회의 희로애락(喜怒哀樂)이 길흉회린(吉凶悔吝)의 운동 가운데, 너무 진지하면서도 심각하게 펼쳐져 있다. 변화(變化)라는 거대한 물결을 방석(方席)삼아, 노도(怒濤)를 타고 상하전후좌우

로 흔들리면서도, 인간으로서 자기 운명(運命)을 감지하
며, 삶을 개척해 가려는 몸부림이 상징적으로 드러난다."

신창호, 『주역단상』(上), 머리말 중에서

신 교수님의 『주역』독해는 그 누구보다도 해박한 지식
과 명쾌한 설명으로 나를 사로잡는다. 언젠가 다시 『주역』
을 강의한다는 소식이 있으면, 나는 또 참여할 것이다.

삶에서 걱정근심, 그 우환(憂患)은 죽을 때까지 계속된
다. 때문에 '우환의식(憂患意識)'을 가슴에 품고, 인생을 예
비하고 대처하는 자세를 『주역』의 사유를 빌어 실천해야
하리라. 그리고 나에게 부족한 '겸손(謙遜)을 더욱 알차게
익히리라.

경복궁,
주역의 원리에 따라 지은 궁궐

경복궁 지킴이. 생화학을 전공하고 종합병원의 연구원으로 직장생활을 하다가 결혼과 육아로 경력단절 여성이 되었다. 지금은 도서관과 꼬레아아테나고등교육원에서 인문학과 고전강의를 들으며 취미 부자로 살고 있다. 올해 목표인 공인중개사 자격증 취득을 위해 노력하고 있다.

임
정
아

건축에 입힌 주역

한국을 대표하는 궁궐은 경복궁(景福宮)이다. 나는 그곳을 안내하는 경복궁 해설사이다. 올해로 벌써 7년째이다. 경복궁은 방문하는 사람들만큼이나 다양한 건축물과 현판, 주련 등 건물 배치가 아름답다. 경복궁은 『주역』의 원리에 입각해서 만들어 졌다. 광화문, 홍례문, 근정문은 신무문으로 이어져 남북의 종축을 이루고 동쪽과 서쪽에 봄인 건춘문과 가을인 영추문이 횡축을 이룬다. 풍수적으로

경복궁, 주역의 원리에 따라 지은 궁궐 • 171

자좌 오향으로 배치 되었다. 동쪽에는 왕의 가족들이 머물고 서쪽으로는 신하들의 근무 공간이었으며 경회루는 모임의 장소로 사용되었다. 뒤편에는 쉼의 공간인 향원정이 있었다. 근정문 좌우로 있는 일화문과 월화문은 동쪽은 해, 서쪽은 달을 상징한다. 사정전의 동서에는 만춘전과 천추전이 있어서 동쪽의 봄과 서쪽의 가을을 상징한다. 강년전 동쪽의 연생전과 경성전은 동쪽의 생과 서쪽의 성을 대비하였다. 동서에 봄과 가을, 해와 달, 생과 성으로 대비되는 인간의 삶을 품고 있다. 이는 주역의 기본 원리로 궁궐의 건축과 잘 조화를 이루고 있는데 그중 가장 가운데 있는 중전에 〈태(泰)괘〉를 넣어서 교태전이라 하였다.

조선 법궁의 특징

경복궁은 조선왕조의 법궁(法宮)이며 오백년 조선을 대표하는 궁궐로써 유교의 성리학적 이념을 필두로 신진사대부의 한 명인 정도전이 주축이 되어 1395년 창건되었다. 1592년 임진왜란으로 인해 전소되었다가 1868년에 고종에 의해 중건되었다. 정도전(鄭道傳, 1342-1398)은 이성계를 도와 조선을 건국한 개국공신이며 새 왕조를 설계한 중심인물로 조선경국전을 지어 국가통치의 기틀을 마련했고, 한양의 도성뿐만 아니라 경복궁의 건축과 궁궐 내 전각들의 명칭도 직접 작명하였다. 그가 지은 경복궁(景福宮)이란 이름은『시경』에 나오는 말로 "이미 술에 취하고 덕에 배부르니 만년토록 큰 복을 누리소서"에서 '큰 복을 누리라'는 뜻의 '경복(景福)'에서 따온 것이다.

최근 와세다 대학의 경복궁 영건일기(1865.4-1868.7 한성부 주부 원세철 지음)가 학계에 알려지면서 고종 때 중건한 경복궁의 건립 배경이 정확히 소개되었는데 주역과 천문사상을 배경으로 건립되었음을 알 수 있다. 중건 당시 규모는 단독건물 100여 채, 총규모 7천480여 칸으로, 조선 초기의 경복궁 규모를 훨씬 능가하고 있다.

경복궁의 기본설계는『주례(周禮)』에 근거했다.『주례』는『주역』의 384개 효사를 지은 주공(周公)이 저술한 유교 경전으로 주나라의 제도와 예법을 집대성한 책이다. 주나라의 관직을 '천·지·춘·하·추·동관'의 육관(六官)으로 나누고 있는데, 나중에 이것이 조선의 이·호·예·병·형·공조가 되었다. 특히『주례』의「고공기(考工記)」는 전해지지 않지만, 궁제(宮制) 원리(규모, 좌향, 측량)에 관한 설명으로써 경복궁 축조의 근간이 되었다.

'좌묘우사(左廟右社)', 즉 임금이 계신 정궁을 중심으로 궁궐의 왼쪽(동쪽)에는 역대 왕들과 왕비의 신위를 모신 종묘(宗廟)가 있으며, 오른쪽(서쪽)에는 토지와 곡식의 신에게 제사를 지내는 사직단(社稷壇)을 세우고, '전조후침(前朝後寢)'에 따라 앞쪽은 정치하는 공간, 뒤쪽은 침전으로 궁궐의

앞부분에는 국가의 큰 행사나 신하들의 조례를 받는 근정
전과 왕이 평상시 업무를 보는 사정전을 비롯한 공적인 건
물 등이 자리 잡았으며, 뒤쪽에는 왕과 왕비의 침전과 후
원 등 사적인 건물들을 배치하였다. '삼문삼조(三門三朝)'는
광화문, 홍례문, 근정문의 삼문을 지나 왕이 있는 정전에
다다르게 되며. '삼조'는 외조(外朝; 관청구역), 치조(治朝; 통치
구역), 연조(燕朝; 사생활 구역)를 말한다.

주역 정신의 건축화

경복궁의 중심 방향은 북쪽의 북악산을 등지고 남쪽의
관악산을 마주 보는 남향으로 자리 잡았는데, 이는 임금
은 북쪽을 등지고 남쪽을 바라봐야 한다는 '배북남면(背北
南面)'의 원칙에 따른 것이다. 이 원칙 또한 "성인이 남쪽을
향해 천하의 의견을 들어서 밝은 것을 향하여 다스린다."
라는 『주역』 「설괘전」에 근거한 것이다. 교태전을 중심으로
그 앞으로는 양의문(兩儀門)과 강녕전 등 5개의 건물이 있
고, 향오문을 지나 사정전, 만춘전, 천춘전 등 3개의 건물
이 정문인 광화문을 향해 배치되어 있다. 이를 주역에 대
입하면, 교태전은 태극, 양의문은 음양, 5개의 건물은 오
행, 3개의 건물은 앞의 5개 건물과 합쳐 8괘에 해당한다.
이는 『주역』의 태극, 음양오행, 8괘 사상을 완벽하게 반영
하고 있는 것이다. 왕의 집무 공간인 근정전((勤政殿)을 중

심으로 볼 때, 왕이 북극성이고 하늘의 중심인 자미원에 위치하며, 왕이 하늘의 중심에 위치해 있다고 생각하였다. 편전인 사정전, 만춘전, 천추전 3채와 왕의 침전인 강녕전(康寧殿), 동소침인 연생전(延生殿), 서소침인 경성전(慶成殿), 그리고 연길당(延吉堂)과 응지당(膺祉堂) 5채가 있으며, 이는 하늘의 별자리들이 북극성을 중심으로 운행을 하듯, 땅은 임금을 중심으로 세상이 돌아간다는 의미를 담고 있다.

실제 경복궁 건물 전체 배치도를 살며 보면, 앞편에는 근정전, 승정원, 홍문관, 내의원, 검서청, 규장각 등 통치와 관련된 건물이, 뒷편에는 자경전, 흥복전, 제수합, 향원정 등 사생활과 관련된 건물이 집중 배치되어 있다. 이는 임금이 앞편에서는 국사를 보고, 뒷편에서는 개인적인 시간을 갖는 '전조후침(前朝後侵)'에 해당한다.

경회루와 교태전

경회루(慶會樓)는 단일 평면 기준으로는 국내에서 가장 규모가 큰 누각으로, 외빈 접대와 나라의 경사가 있을 때 연회를 베풀던 곳으로 지금의 청와대 영빈관에 해당한다. 네모난 연못 안에 지은 2층 누각으로『주역』의 원리로 지어졌다. 즉 바깥 기둥은 네모나게, 안쪽 기둥은 둥글게 하여 '하늘은 둥글고 땅은 방정하다'라는 우리 고유의 '천원지방(天圓地方)'사상을 담고 있다. 또한 누각의 상단에 있는 8

개 기둥은 8괘(卦)를, 중단의 12개 기둥은 1년 12개월을, 하단의 24개 기둥은 24절기를 상징한다.

왕비의 침전인 교태전(交泰殿)은 나눈다는 뜻의 '교(交)'와 크다는 의미를 가진 '태(泰)'의 조합으로 『주역』의 〈지천태(地天泰: ䷊)〉 괘(卦)에서 따온 이름이다. '천지의 사귐(交)으로 크게 통한다(泰)'는 뜻이며 하늘(王)과 땅(王妃)의 두 음양 기운이 교합함으로써 만물이 생겨나고 번성하듯, 왕과 왕비의 화합으로 왕실과 종묘사직 또한 번창하기를 바라는 마음에서 그렇게 지은 것이다.

교태전의 의미

역(易)은 변화이다. 낮과 밤이 변하고, 계절이 변한다. 살아 있음은 변하는 것이요, 정지된 것은 죽음일 뿐이다. 서로 영향을 미치지 않으면 변하지 않는다. 교류(交流)가 있어야 변하고, 변해야 통한다(變則通). 땅으로 상징되는 곤(坤: ☷)이 위에 있고, 하늘로 대표되는 건(乾: ☰)이 아래에 있다. 실제 자연의 하늘은 위에 있고, 땅은 아래에 있지만 〈지천태〉는 땅이 위에, 하늘이 아래에 있으니 거꾸로다. 순리를 역행하고는 '길하여 형통하다(吉亨)'라고 했다. 게다가 주역 64괘 중 최고의 괘로 통한다. 『주역』의 학문 세계를 '태학(泰學)'이라고 했을 정도이다.

왜 그랬을까? 하늘의 기운(陽氣)은 위로 올라가려 하고,

땅의 기운(陰氣)은 아래로 내려오는 자연의 이치인 셈이다. 억지스럽지 않고 자연스럽게 스며들어 조화를 이룬다. 같은 이치로 하늘이 위에, 땅이 아래에 있는 〈천지비(天地否: ䷋)〉괘는 나쁜 괘에 속한다. 하늘은 오로지 위로, 땅은 오로지 아래로 향하며 서로 교접이 안 된다. '비(否)'괘의 괘사(卦辭)는 "인간의 길이 아니다(匪人)"라고 했다. 자기 고집에만 사로잡혀서 다른 것은 거들떠 보려하지 않는 삶이야말로 부자연스러움이 아닐까?

「서괘전」은 〈지천태〉괘를 이렇게 설명한다. "태(泰)를 이룬 후에야 안정이 온다(泰然後安)"라고 하며, 소통으로 태(泰)의 상태에 이르고, 그 다음에야 편안함이 온다는 얘기다. 그러기에 〈지천태〉는 '소통의 괘'이면서 '안정의 괘'이다. 괘의 모습을 설명하는 상사(象辭)는 이렇게 얘기한다. "천지교태(天地交泰), 후이재성천지지도(后以財成天地之道), 보상천지지의(輔相天地之宜), 이좌우민(以左右民)." 하늘과 땅이 교류하는 게 〈태(泰)〉괘의 모습이다. 군주는 이로써 하늘과 땅이 만드는 도(道)를 체득하여 가늠하고, 천시(天時)와 지리(地利)에 맞춰 백성들의 생활을 돕는다. 경복궁의 '교태전(交泰殿)'의 출처가 바로 이 구절이다. 하늘과 땅이 만나 만물을 생성하듯 임금과 왕비가 만나 왕족을 번성시키라는 의미가 담겼다.

태통(泰通)과 비색(否塞) 사이

『주역』의 64괘 중 11번째에 있는 〈태(泰)〉는 본래 '미끄럽다(滑)' '미끄럽게 하다'라는 의미를 지닌 글자이다. 여기에서부터 '통하다'는 뜻이 파생되었다. 괘상(卦象)은 땅 아래에 하늘이 있는 형상으로, 무거운 지기는 아래로 내려오고 가벼운 천기는 위로 올라가 두 기운이 만나 교감(交感)하고 교통(交通)하는 것을 상징한다. 「단전(彖傳)」에서는 "천지가 교합해 만물이 소통되며, 상하가 교합해 그 뜻이 같다."라고 설명한다. 음양합덕(陰陽合德)을 대표하는 괘로서 12번째 괘인 〈비괘(否卦)〉와 반대이다. 또한 순음(純陰) 괘인 〈곤(坤: ☷)〉괘(卦)가 외괘(外卦)이고 순양(純陽) 괘인 〈건(乾: ☰)〉괘가 내괘(內卦)이기 때문에 양은 군자이고 음은 소인이므로 소인의 세력이 점차 소멸되고 군자의 세력이 성장하는 상황이 된다. 괘사에서 "태는 작은 것이 가고 큰 것이 오니 길하여 형통할 것이다."라고 했고, 이 구절을 「단전」에서 "군자가 안에 있고 소인이 밖에 있으니 군자의 도는 자라나고 소인의 도는 사라진다."라고 해석한 것은 이러한 상황을 묘사한 것이다.

그러나 구삼효(九三爻)에서 "평평한 것은 반드시 기울어지고 가면 반드시 돌아오니 어렵게 하고 올바름을 지키면 허물이 없으며, 그 믿음을 근심하지 않으면 복을 누릴 것이다."고 한 것처럼, 모든 것은 변화하기 때문에 태통(泰通)

한 상황은 비색(否塞)한 상황으로 전개될 수밖에 없다.

그러므로 〈태괘〉의 마지막 효인 상구(上九)에서 "성이 무너져 해자로 복귀할 것이다."라고 하여, 이러한 반전을 상징적으로 표현하고 있는 것이다. 양은 음으로, 음은 다시 양으로 변화해 나가는 것이 우주의 보편적인 이법이기 때문이다.

〈태괘〉는 태평스럽고 평안한 만큼 모든 일이 정돈되어 안정을 찾은 상태다. 모든 일에 걸쳐 원만한 형태를 갖추고 있어 주변도 순조롭고 마음도 만족스러운 상태다. 그러므로 마음먹은 대로 행동해도 크게 어긋나지 않는다. 혹시, 현재 내 자신의 처지가 이 괘에 해당한다고 착각하고 있는 것은 아닐까? 그러나 세상은 헝클어진 존재들이 수시로 제자리를 찾아가는 과정이다. 그것이 거대한 조화(造化)다. 편안한 때일수록 그 이면에 존재하는 삶의 철학, 인간학을 실천의 영역에서 고민하는 것이 중요하다. 주역이 내게 가르치는 것이 그것이다.

음양(陰陽) 대대(待對),
그 영원의 기행

진상훈 꼬레아아테나고등교육원 대표. 역사학과 교육철학
을 공부하고, 이를 바탕으로 현재 인문학관련 사업
을 운영하고 있다.

팬데믹, 삶의 터닝 포인트

코로나 팬데믹을 겪었다. 삶에 엄청난 변화가 다가왔다.
체험 학습과 인문학 기행을 주로 해왔던 나에게는 쓰나미
가 덮친 셈이었다. 대한민국 대부분의 기업도 그랬지만,
우리 회사도 상당한 어려움을 겪었다. 모든 것이 일순간에
바뀌었다. 내 삶은 그대로인데, 혼란이 몰려왔다. 여러 차
원에서 전환이 필요했다. 코로나가 끝나지는 않았지만, 그
대로 가만히 있을 수는 없었다. 2021년, 기존의 「쏙쏙」을

중심에 놓고, 사업의 전환을 꾀하기 위해 「꼬레아 아테나 고등교육원」을 설립하고 새로운 형태의 고전인문학 강좌를 기획했다. 그 가운데 하나가 〈주역특강〉이다.

꼭, 이 험난했던 시기를 다시 돌아보기 위한 것은 아니지만, 『주역(周易)』을 읽었다. 주(周)나라의 역(易)! 이 무엇일까? 매주 어김없이, 『주역』을 풀어주는 수당(邃堂) 신창호 선생은 말한다.

"역경은 '변화에 관한 성경(Book of Change)'이다. 그것은 고대 중국의 사유가 담겨 있다. 주나라 이후, 춘추시대에서 진(秦)나라와 한(漢)에 이르는 시기에 점차적으로 완성되었다. 혼란과 안정을 반복하는 역사의 소용돌이를 겪은 그 시대의 사상이 결집되어 있다!"

나는 대학 학부 시절 역사를 전공했다. 내가 알고 있는 춘추전국과 진한 교체기는 중국 역사에서 가장 변화가 심한 변혁기였다. 정치적으로는 주(周)나라 천자(天子)의 권위가 실추하고, 춘추오패(春秋五覇), 전국칠웅(戰國七雄)으로 상징되듯이, 무력이 횡행하는 패도(覇道)가 진퇴를 거듭했다. 경제적으로는 주나라의 봉건제(封建制)가 진한(秦漢)을 거치면서 군현제(郡縣制)로 이행하고 있었다. 그만큼 사상적 차원에서 과거의 가치관이 무너지고 있었지만, 시대를 이끌 새로운 가치관이 제대로 확립되지 않았다. 이런 혼란과 변화, 전환을 설명하려는 논리가 '역(易)'의 사유였다. 저 거대한 세상의 혼돈(混沌)이란 무엇인가? 변화의 실상은 또 무엇인가? 무질서일 뿐인가? 새로운 질서를 모색하는 것인가?

상추(相推)의 대대(待對) 논리

그렇게 나는『주역』을, 내 삶에, 꼬레아 아테나 고등교육원 운영에 끌어 들였다. 역(易)의 논리를 보다가, 문득, 학부 시절 상당수의 청년학도들이 심취했던, 마르크스의 사유가 떠올랐다. 그것은 다름 아닌 변증법의 논리였다. 대립물의 투쟁, 전화(轉化), 의식과 물질의 상관관계 등등, 잘은 모르겠으나, 내 인식의 범주에서는 역의 논리가 오버랩되었다. 하지만 강의가 진행될수록, 마르크스적 서구의 변증 논리와 역의 원리 사이에는 상당한 차이가 보였다. 변증법적 대립과 갈등의 투쟁보다는 '상추(相推)'의 '대대(待對)' 논리가 역의 근간이었다. 세상은 대립물의 투쟁만이 아니라, 이미 서로를 품고 있는 음양의 상호교착(相互交錯)이 서로를 부둥켜안고 있었다.

이 세상은 끊임없이 변화(變化)한다! 그 변화는 '음(陰: --)과 양(陽: —)의 대립과 전화(轉化)를 통해 우주자연과 인간 사회의 법칙을 형성한다! 누구나 알 법한 이 단순한 논리가 역의 사유라니, 특별히 배울 필요가 있을까? 그런데 8괘와 64괘, 384효, 계사전 등등, 내용을 파고 들수록 심오함에 놀랐다.

음양(陰陽)의 소장(消長)

선생은 강조했다. "'역(易)'의 사유는 핵심을 찌르는 큰 기둥이 있다. 양(陽)과 음(陰)의 속성으로 드러나는 언어 속에 그 해답이 담겨 있다. 양(陽)은 '건(乾)'이나 '강(剛)'으로 표현되고, 음(陰)은 곤(坤)이나 유(柔)로 표현된다. 이는 서로 짝이 되어, '음-양', '강-유', '건-곤'과 같이 존재의 두 가지 품격을 상징한다. 형식적으로는 두 가지가 상반되거나 대립하고 있는 것처럼 보이지만, 그것은 고립된 형태가 아니라 서로 밀어주고 요청하며 유기체로 통일되는 세상을 펼친다. 이 지점을 깨달을 때, 역을 이해할 수 있다."

그에 관한 해석은 「계사전」 강의에서 두드러졌다. 건(乾)과 곤(坤)의 관계는 역의 핵심이다. 건과 곤이 대대(待對)하는 가운데, 즉 서로 요청하고 서로 밀어주고 서로 대립하기도 하지만 극복하며, 끌어안으며 변화가 이루어진다. 건과 곤 가운데 어느 하나가 부재중이라면, 변화는 발생하지 않는다! 둘 가운데 하나가 없다면, 모든 존재는 활동할 이유를 상실한다. 그것이 '음-양'의 전화(轉化)이다.

인간 사회에서 볼 때, 음(陰)은 '여성적'인 특성을 상징한다. 수동적이다. 그러기에 한자로는 부드러울 유(柔), 약할 약(弱), 낮을 저(低), 어두울 암(暗)과 같은 말로 드러난다. 반면에 양(陽)은 '남성적'인 특성을 상징한다. 그러기에 굳셀 강(剛), 강할 강(強), 높을 고(高), 밝을 명(明)과 같은 말로 드러난다. 그렇다고 이분법적으로 갈라 치는, 완전히 고정되어 있거나 절대적인 속성을 지닌 것은 아니다. 이 음양의 남녀는 늘 상호 전화(轉化)한다. 음은 양으로 바뀌고 양은 음으로 바뀐다. 그것이 '음양(陰陽)'의 소장(消長)과 교체(交替)다. 사라지는 동시에 자라나고, 사귀면서 바뀌어간다!

상식의 진보, 진보의 역동성

이런 음양의 역동적 활동 가운데, 세상은 새로운 발전과 진보의 장을 마련한다. 「계사전」 강의를 들어 보니, 그러하다. 음양소장(陰陽消長)은 우주자연의 현상을 통해 다시 강조된다. 어쩌면 누구나 아는 상식이다. 다만, 평소에 인지하고 있지 못할 뿐이다.

하루에서, 해[陽]는 동쪽에서 '떠서' 하늘 가운데로 솟아오르면 서쪽으로 '기울기' 시작한다. 그리하여 밤이 되면 달[陰]이 떠오른다. 계절도 마찬가지다. 여름[陽]과 겨울[陰]이 교체되면서 한 해를 만든다. 하루, 한 해가 그렇듯이, 자연이건 인간이건, 세상의 모든 것은 이렇게 순환하며, 끊임없이 변화를 만들고 있다. 그것은 한 마디로, '진보(進步) 그 자체'다. 이 진보는 음양의 상호작용, 대대의 법칙을 따라 새로운 존재를 낳고 발전시킨다. 이를테면, 하늘이 기(氣)를 내뿜고 땅이 그것을 받아들이면서 모든 사물을 기른다. 인간도 그러하다. 남자와 여자의 정(精)은 하나가

됨으로써 새로운 생명을 낳는다.

당연한 이치 아닌가! 그러나 일상에서 이런 상식의 상식조차도 깨닫지 못하는 경우가 많다. 일상의 시시콜콜한 사안에 매몰되다 보니, 이 당연한 이치를 심오한 법칙으로, 또는 형이상학적 사업으로 치부해 버리기 십상이다. 이런 삶의 연속이, 어찌 보면, 참 어리석은, 우스꽝스럽게 허둥대는 인간의 모습 아닌가!

유리옥, 흥성-멸망, 다시 흥성의 싹

선생은 말했다. "우주자연의 변화 원리는 인간 사회의 법칙으로 이어진다. 천인합일(天人合一)의 정신이라고 할까? 그렇다고 인간이 자연의 지배만을 받는 수동적이고 타율적인 존재는 아니다. 인간은 우주 자연의 기본 원리를 통해, 하루와 한해의 순환에서 보듯이, 그 쉽고 간편한 법칙을 체득할 수 있다. 그것은 인간[人]이 '천(天)-지(地)'와 나란히 하는 지위의 획득을 의미한다. 이른바 '천(天)-지(地)-인(人)'으로서, 하늘과 땅 사이에 자리한다. 그렇게 인간은 하늘과, 땅과 한 몸을 이룬다. 그들과 대립하거나 갈등을 조장하는 것이 아니라, 그들 속에서 함께 호흡하며 세상을 가꾸어 간다. 천지의 법칙을 자신의 것으로 삼아, 끊임없는 변화의 물결을 타고, 스스로의 운명을 타개해나가는 삶을 살아간다! 그것이 인간의 숙명(宿命)이요 운명(運

命)이다."

2024년 새해 벽두에, 이른 바 '중원(中原)'을 다녀왔다. 『주역』을 만들었다는 장소를 찾았다. 다름 아닌, 주나라 문왕(文王)의 유리옥(羑里獄)이었다. 입구에서 범상하지 않은 기운이 느껴졌다. 이 감옥에서 세상의 변화 원리를 터득했단 말인가! 문왕은 이미 깨달았던 것일까? '지금은 감옥에 갇혀 있지만, 조만간에 감옥을 나와 평온한 삶을 되찾으리라고!' 나도 그럴까? 코로나 팬데믹이라는 감옥에서 벗어나, 무너진 인문학 기행의 질서를 다시 찾을 수 있을까?

문왕은 그렇게 예측했던 모양이다. 아니, 확신했던 것 같다. 우주자연의 순환 원리는 인간사회에도 그대로 적용된다! 멸망에 이른 존재는 다시 흥성의 기운을 돋우고, 번성함이 최고조에 이른 자는 마침내 멸망하리라! 문왕 자신도 느꼈던 것일까? 은나라의 마지막 군주인 폭군 주왕(紂王)으로 인해 유리(羑里)에 갇히리라는 사실을. 그리고 자신이 스스로 이 상황을 극복하기 위해 역(易)을 만들 것이라는 진실을. 그럴지도 모르겠다.

우환의식에서 피는 교훈

인간의 운명에 관한, 『계사전』의 언급은 의미심장하다. '두려워 삼가는 인간은 평안을 얻는다. 모멸하고 가벼이 여기는 자는 파멸한다!' 역(易)을 만들어 세상에 내놓은 목적은 분명하다. 현재의 인간 사회에, 아니, 후세에 길이 남겨 경계하기 위함이다. 그것은 '역의 논리를 곱씹어 보라'는 인간사회에 던지는 경고장이나 마찬가지다. 이때 등장하는 격언이 저 유명한 '우환의식(憂患意識)'이다.

인간 사회에서 벌어지는 근심 걱정에 관한 깊은 사색과 실천! 우환의식이 없는 인간은 인간으로서의 가치, 즉 사람의 품격이 아주 낮은 단계에 머문다. 어쩌면 사람답지 못한 존재에 불과하다. 아무 생각 없는 존재이기에, 삶의 의미나 만족도가 매우 낮아질 수밖에 없다. 역의 논리를 터득하지 못했으니, 변화를 불허한다. 대대의 원리도 삶에 반영하지 못한다. 오직 힘으로만, 포객(暴客)의 인생을 이어갈 뿐이다. 지배하는 자는 변화를 원치 않는다!

역은 그와 반대이다. 변화를 근본으로 삼고 있기에, 일상은 억압일지라도, 그 그늘의 힘을 본다. 저 최저의 바닥에서 다시 오르려는 인간의 삶을 꿈꾼다. 음이 양으로 양이 다시 음으로, 그 불변과 영원의 기행을 오갈 뿐이다.

'풍산점(風山漸)'의 메시지,
점진하는 전성기

탁재홍

경영지도사. (주) 미래 경영컨설팅 수석 컨설턴트.
기업체 근무경력과 경영정보시스템 전공을 살려 경
영 지도 상담 일을 하고 있다. 자연과 인간의 지혜를
다루는 『주역』과 오래전부터 인연을 이어오고 있다.

어머니, 가슴에 흐르는 그 사랑

그동안 꼬레아 아테나 고등교육원에서의 2년여 간의
『주역(周易)』공부와 인문기행을 통해 많은 것을 배웠다. 동
양고전에 대한 지식을 통해 세상을 바라보는 새로운 시각
이 생겼다. 사실 그전부터 『주역』 공부가 내 삶에 끼친 영
향은 매우 컸다. 나는 어릴 적부터 『주역』과 인연이 깊었
다. 경남 통영에서 태어나 한문과 미술을 전공한 선생님이
었던 나의 어머니는 '역학(易學)'과 '명리(命理)'에도 밝으셨

다. 한국을 대표하는 소설가로『토지』『김 약국의 딸들』등 걸작을 쓴 박경리 선생이 고향 친구였다. 어머니는 내 이름을 손수 지어주셨다. 탁재홍(卓在鴻)! '높은 곳에서 우아하게 나는 기러기처럼 항상 고고하고 당당하게 살라!'라는 뜻이 담겨 있다. 내가 어머니의 염원대로 살았는지는 모르겠다. 하지만, 어머니가 직접 지어주신, '우아하고 고고하고 당당한' 그런 삶을 살려고 노력은 했던 것 같다. 참 고맙고 그리운 어머니이다.

같은 통영 출신의 유명한 시인 유치환 선생이 쓴 〈깊고 깊은 강〉이라는 시가 있다.

아, 저문 강에 슬픈 어머니의 그림자가
깊이 서리고, 어머니의 사랑은
긴 강물처럼 끝이 없으니,
나의 가슴에 흐르는 그리운 노래여

『주역』53번째 괘(卦) 〈풍산점(風山漸: ䷴)〉은 〈바람 손(巽: ☴)〉과 〈산 간(艮: ☶)〉으로 이루어져 있다. 그것은 '서서히 나아가는 것'을 의미하며, 바람[風]이 산(山) 위를 부는 형상이다. 물가에서 단계별로 올라, 편대(編隊)를 지어 날아가는, 기러기의 삶이 구체적으로 등장한다. 기러는 간(干: 물가)에서 반(磐: 바위)으로, 그리고 육(陸: 땅)으로 나아가 목(木: 나뭇가지)에 앉고, 또 릉(陵: 언덕)으로 나아갔다가 규(逵: 구름

길)의 한 길로 나아간다. 특히, 초육(初六)에서 첫발을 디딘, "홍점우간(鴻漸于干), 소자려(小子厲), 유언무구(有言无咎)!"는 기러기가 물가에 도달함을 상징적으로 보여 준다.

유치환의 시 〈깊고 깊은 강〉은 어머니의 사랑을 강물에 비유했다. 강은 슬픔보다는 인생을 처음 출발하는, 자식을 향한 어머니의 무한한 희생을 담고 흐른다. 그 깊이와 넓이가 가늠하기 힘들다.

혜능 스님과 소림사

중국 정주의 소림사(少林寺)에 다녀왔다. 나는 어렸을 적에, 어머니 손에 잡혀 수시로 절을 들락거렸다. 그 어린 시절에 무엇을 알겠는가? 어쩌면 그렇게 많이 다녔건만, 오히려 불교에는 문외한이다. 소림사 기행을 하며 『주역』의 〈풍산점(風山漸)〉괘와 불교의 수양 방법이 어떤 연관이 있는 것은 아닐까 하는 생각이 들었다.

불교에는 깨달음을 향한 다양한 수행방식이 있다. '돈오돈수(頓悟頓修)'와 '돈오점수(頓悟漸修)'는 그 핵심을 이룬다. 돈오돈수(頓悟頓修)는 한 순간에 깨달음을 얻고, 그 깨달음을 통해 즉각적으로 모든 수행을 완성한다는 뜻이다. 선종(禪宗)의 혜능(慧能, 638-713)은 찰나(刹那)에 깨달음을 얻어, 바로 모든 번뇌(煩惱)를 벗어나고 부처의 경지에 도달했다고 한다. 혜능은 당나라 시대의 선종 육조(六祖)로, 빈민 출신이었으나 나중에 선종의 대표적 인물이 되었다. 그는 돈오돈수를 지지했으며,『육조단경(六祖壇經)』에서 깨달음이란 번뇌를 한 순간에 벗어나 부처의 경지에 도달하는 것이라고 주장했다.

돈오점수 (頓悟漸修)는 한 순간에 깨달음을 얻되, 그 깨달음을 바탕으로 점진적으로 수행을 쌓아가야 한다는 뜻이다. 신라의 원효(元曉, 617-686)는 '일체유심조(一切唯心造)'의 깨달음을 얻었지만, 이후에도 계속해서 수행과 교화를 통해 깨달음을 심화하려고 했다. 돈오점수는 깨달음 이후에도 지속적인 수행이 필요하다는 점을 강조하는 입장이다.

산은 산 물은 물, 그리고 무소유

성철(性徹, 1912-1993)스님은 돈오돈수의 입장을 견지하며, 깨달음과 수행의 일체성을 강조했다. 그는 선(禪) 수행을 통해 한 순간에 깨달음을 얻을 수 있다는 믿음을 가지고 있었다. 스스로도 선 수행에 깊이 몰두했다. 성철스님은 모든 수행자에게 엄격한 계율 준수를 요구하며, 불교 본래의 가르침에 충실하려 노력했다.

법정(法頂, 1932-2010)스님은 돈오점수의 입장을 취하며, 깨달음을 얻은 후에도 지속적인 수행이 필요하다고 보았다. 그는 '무소유(無所有)'라는 개념을 통해 물질적 소유를 버리고, 내적 평화를 추구하는 삶을 강조했다. 법정스님은 현대 사회에서 심각한 문제를 일으키는 물질주의와 소비주의에 반대하며, 단순하고 검소한 삶을 실천했다. 그의 가르침은 많은 사람들에게 영향을 끼쳤고 특히 그의 책들은 베스트셀러가 되어 널리 읽혔다.

성철스님은 계율과 전통을 강조한 반면, 법정스님은 무소유와 단순한 삶을 통해 불교의 가르침을 대중화했다. 나는, 성북구에 있는 길상사에 올해만 벌써 세 번을 다녀왔다.

성북동 비둘기와 〈점(漸)〉괘의 멜로디

〈풍산점〉괘는 '서서히 나아가고 점진적으로 발전해가는' 모습을 나타낸다. 때문에, 깨달음을 얻은 후 지속적인 수행이 필요하다는 돈오점수의 논리와 잘 어울린다. 문득, 김광섭 시인의 〈성북동 비둘기〉가 떠오른다.

지금은 강가에
기러기 울고
긴 언덕 풀 섶에
오리 알 지고
맴도는 구름에
지친 노을은
옛집 창가에 불빛이 된다.

시인은 고향에 대한 그리움과 자연의 소리를 통해 깊은 감정을 표현한다. 〈성북동 비둘기〉와 〈점〉괘는 점진적 발전과 귀환이 상징적으로 녹아들었다. 〈성북동 비둘기〉에서 '지금은 강가에 기러기 울고'라는 구절은 〈점〉괘의 초육(初六)에서 '기러기가 물가에 이르는 모습'을 연상시킨다. 이는 초기 단계의 순수함과 시작을 상징한다. '긴 언덕 풀섶에 오리알 지고'는 육이(六二)의 "홍점우반(鴻漸于磐), 음식간간(飮食衎衎), 길(吉)."과 상통한다. 즉, 안정된 위치에서의 발전을 나타낸다. 이는 기러기가 평탄한 바위에 이르러 먹고 마시며 기뻐하는 모습을 반영한다.

구오(九五)의 "홍점우릉(鴻漸于陵), 부삼세불잉(婦三歲不孕), 종막지승(終莫之勝), 길(吉)." 이는 기러기가 '언덕 위로 서서히 오르는 단계'이다. 중년 후반기, 개인적·사회적 성취를 이루며, 가정과 사회에서 중요한 역할을 하는 시기이다. 상구(上九)는 "홍점우육(鴻漸于陸), 기우가용위의(其羽可用爲儀), 길(吉)."이다. 이는 시의 마지막 구절에서 '옛집 창가에 불빛이 된다'는 귀환과 안식을 상징한다. 기러기가 육지에 이르러 그 깃털이 의식용으로 사용되는 길함과 연결된다. 이를 생애주기와 연결 해보면 노년기, 즉 인생의 경험과 지혜를 통해 후세에 가르침을 주고, 인생의 완성을 이루는 시기에 해당한다.

이렇게 〈성북동 비둘기〉와 〈풍산점(風山漸)〉괘를 연관 시키는 것은 자의적(自意的)일 수 있다. 하지만,『주역』은 '이

현령비현령(耳懸鈴鼻懸鈴)'이라고 하지 않았던가! 그만큼 해석이 다양할 수 있으니 짧은 지식이지만, 내 나름대로 이런 해석을 시도해 보았다.

현대 한국 장수 노인의 상징처럼 인식되는 김형석(金亨錫, 1920-) 연세대 명예교수님은 말했다. "지나고 보니, 내 인생의 전성기는 65세부터 75세였다!" 그런 차원에서 지금 나도 인생의 전성기에 해당한다. 앞에서 간략히 언급했던, 〈점〉괘의 구오(九五)와 상구(上九)는 인생 중년이나 말년의 도전과 극복을 상징한다. 자연과 삶의 철학을 보다 깊이 이해하자! 다시, 인생의 전성기를 확장하기 위해, 인내와 끈기로, 점진적으로 발전해 나가는 삶의 가치를 재확인해야겠다.

심식원조(深識遠照)의 품격

"궁즉변(窮則變), 변즉통(變則通), 통즉구(通則久)!" 역(易)은 궁하면 변하고, 변하면 통하고, 통하면 오래간다!『주역』은 그런 원리로, 변화와 적응을 통해 문제를 해결하고, 더 나은 상태로 나아가는 과정을 강조한다. 끊임없는 변화 속에서의 지혜와 통찰력을 중요시한다. 내 인생도 그러했을까?

창업기업의 경우, 대부분이 초기 시장에서 성공을 거두면, 주류 시장으로 진입하려고 한다. 하지만 '캐즘(Chasm)'으로 인해 성장의 한계에 부딪힌다. 캐즘은 벤처 기업의 성장 과정을 설명하기 위한 비즈니스 용어이다. 첨단 기술이나 상품이 개발되어 출시된 다음, 초기 시장과 주류시장 사이에서 일시적으로 수요가 정체되거나 후퇴되어 단절이 일어나는 현상이다. 다시 말하면, 새로운 기술이나 제품이 개발되어 대중들에게 소개된 다음, 대중화를 거치기까지 수요가 후퇴하거나 정체되는 현상을 말한다. 일종의 '구렁텅이'나 '틈'이다.

　이런 시점에서 기존 전략과 접근 방식은 한계를 드러낸다. 때문에 새로운 돌파구가 필요하다. 〈풍산점(風山漸)〉괘 구삼(九三)은 그런 사태를 감지하는 듯하다. "홍점우육(鴻漸于陸), 부정불복(夫征不復), 부잉불육(婦孕不育), 흉(凶). 리어구(利禦寇)!" 기러기가 육지에 도달했다. 무엇을 해야 할까? 이는 기러기가 하늘로 날아가 올라가기 위한, 도전과 극복의 중요성을 나타낸다. 어려운 상황에서 나아가면 돌아오기 힘들다. 부정한 방법으로 나아가면 흉(凶)하게 될 수 있다. 조심하라! 그런 경계를 호소할 뿐이다. 정이천(程伊川, 1033-1107)은 『역전(易傳)』에서 그 군자의 길을 말했다. "심식원조(深識遠照)!" 깊게 인식하고 멀리 비추어라! 인격자의 길이 이러하다. 나도 이런 인격자의 길을 답습하고 있을까? 기러기는 일부일처(一夫一妻)를 고집하며 질서와 순서를 지키는 속성이 있다고 한다. 그것은 인간으로 환언하면, 이치에 순응하여 순리로 서로 보존한다는 의미이다.

생명과 자리

「계사상전(繫辭上傳)」5장에 재미난 표현이 있다. '생명
[生]'과 '자리[位]'에 관한 울림이다. 매우 논리적이면서 큰
뜻이 담겨 있는 듯하다.

"천지지대덕왈생(天地之大德曰生), 성인지대보왈위(聖人之
大寶曰位). 하이수위(何以守位), 왈인(曰仁). 하이취인(何以聚
人), 왈재(曰財). 리재(理財), 정사(正辭), 금민위비왈의(禁民爲
非曰義)!"

의역을 하면, 대강 이런 의미이다. '우주 자연의 가장 큰
속성은 생명력을 부여하는 일이고, 최고 인격자의 가장 큰
보배는 품격을 지키는 자리이다. 무엇으로 자리를 지킬 것
인가? 열린 마음, 그 사랑으로 지켜야 한다. 무엇으로 사람
을 모을 것인가? 정당한 재물을 모우고 베풀어야 한다. 재
물을 제대로 다스리고, 말을 올바르게 하며, 사람들이 그
릇된 일을 하지 못하도록 막는 일을 올바름이라고 한다.'
어떤가? 좀 그럴듯한 해석 아닌가!

이를 기업 경영의 차원에서도 응용할 수 있으리라. 이
「계사상전」의 의미를 다시, 〈풍산점〉괘와 연결하여 생각해
본다. 앞에서 시의 내용과도 연결해본 점괘는 '점진적 발전
과 성장'을 상징한다. 천천히, 그러나 꾸준히 나아가는 과
정을 통해, 성취를 이루는 인생의 차원을 나타내는 것으로
이해할 수도 있다.

경영을 위한 새로운 시각

그런 차원에서 「계사상전」(5장)과 〈점〉괘의 의미를 기업 경영의 원칙으로 끌어 올려 본다. 물론, 시대가 다른 만큼 동일한 의미나 개념으로 딱 들어맞을 수는 없다. 원리나 논리의 차원에서 상당히 부합하는 측면이 있다는 뜻이다.

첫째, 열린 마음과 사랑, 즉 '인(仁)'으로 자리를 지키는, '윤리적 리더십'의 측면이다. 리더는 자애로움을 통해 조직을 이끌고, 신뢰와 존경을 얻어 자리를 지킨다. 직원들의 복지와 성장에 관심을 기울이며, 공정하고 투명한 의사결정을 한다. 어려움 속에서도 인내하고 덕을 실천하여, 좋은 결과를 얻는 과정을 상정한다. 요컨대, 윤리적 리더십을 통해 신뢰를 구축하고, 조직의 안정성을 유지한다.

둘째, 재물, 즉 '재(財)'로 사람을 모으는, '재무 관리와 자원 배분'의 측면이다. 효율적 재무 관리란 재물을 올바르게 관리하여 조직의 성장과 발전을 도모하는 일이다. 그것은 투명한 재무 보고와 합리적 자원 배분으로 조직 내 신뢰를 구축하는 일이다. 변화와 적응을 통해 새로운 기회를 창출하고, 재무 관리를 통해 지속 가능한 성장을 이룬다. 이는 효율적 재무 관리와 자원 배분의 중요성을 반영한다.

셋째, 올바름, 즉 '의(義)'로 재물을 다스리고 사람을 교육하는, '사회적 책임과 정의'의 측면이다. 이것은 기업의 입장에서 볼 때, 재무 관리를 통해 조직의 윤리적 기준을 유지하는 작업이다. 그 실천 방법은 사회적 책임을 다하며, 공정하고 정의로운 조직 문화를 확립하는 데 있다. 그렇게 하여, 최종적으로 설정한 목표에 도달하고, 사회적으로 인정받는 상태를 상정한다. 사회적 책임을 다하고 정의를 실천하는 경영 원칙이 조직의 지속적 성공과 사회적 존경을 보장한다.

시니어 단계의 처세 방식

『주역』을 공부하면서 보니, 이제 겨우『주역』이 무엇인지 보이기 시작한다.『주역』은 고대 중국의 주요 경전이다. '음양(陰陽)' 이론을 바탕으로 우주와 인간의 관계를 설명한다. 나아가 인간 사회의 미래를 예측하는 도구로 사용되어 왔다. 64괘와 384효를 통해 삶의 구체적 상황을 해석한다. 현대사회에서는『주역』이 점술서(占術書)를 넘어 '자기 성찰'과 '사회적 조화'를 위한 철학적 도구로 재조명받고 있는 것 같다.

이런 인식에 더하여, 시니어(senior)의 생애 주기와 처세 방법을 생각해 보았다. 이것이 내 인생을 점검하는 일인지도 모르겠다. 지금까지 다양하게 독해해 본, 〈풍산점〉괘의 경우, 다섯 번째 효인 '구오(九五)'는 인생의 정점에서 사회에 기여하는 단계이다. 자신의 경험과 지혜를 바탕으로 사회에 큰 기여를 하는 시기라고 할 수 있다. 사회적 리더십을 발휘하여 자문 역할을 맡거나 후배들을 위해 상담과 조언에 응하고, 자신의 지식을 공유하고 지역 사회 발전에 기여할 때이다. 기러기가 구름 속에 날아가는 형상으로 드러나는 '상구(上九)' 또한 자만(自慢)을 경계하고 겸손(謙遜)을 유지하는 단계이다. 그만큼 지나친 야망을 경계하고 절제하며 자신의 삶을 돌아보아야 한다. 지나온 날을 성찰하고 후세에 남길 유산을 고민할 때이다. 삶의 매 순간을 소중하게 여기며 마음의 평화를 찾을 필요가 있다.

작은 일부터 실천하는 마음 가꾸기

다시 한 구절이 떠오른다. "부상자(夫象者), 소이형이상야(所以形而上也). 형이상자(形而上者), 불여형이하야(不如形而下也). 형이하자(形而下者), 불여심상야(不如心象也)!" 직역하면, '상(象)은 형이상학의 근거이다. 형이상학적인 것은 형이하학적만 같지 않다. 형이하학적은 마음의 상(象)과 같지 않다!' 달리 말하면, 이는 형이상학적인 것은 형이하학적인만 못하고, 형이하학적인 것은 마음의 형상만 못하다. 형이상학적인 것보다 형이하학적인 것이 중요하고, 형이하학적인 것보다 마음의 형상이 중요하다! 이 마음의 형상, '심상(心象)'이란 도대체 무엇일까?

'불여심상(不如心象)'의 철학은 나를 다시 일깨운다. 좀 쉽게 말하면, 형이하학적 겉모습보다 마음속 생각이 더 중요하다! 내 마음은 어디에 있는가? 무슨 생각으로 가득한가? 현대 사회는 끊임없이 변화하고, 폭증하는 정보가 넘쳐난다. 때때로 내면의 소리에 귀를 기울일 필요가 있다. 내 마음은 어디에 있을까? 나는 무슨 생각으로 마음을 채우고 있을까? 내 자신을 좀 더 잘 들여다보기 위해서는 어떻게 해야 할까? 일단 매일 아침 10분씩 명상 시간을 갖는 것으로 하루를 시작하는 작은 일부터 시작하기로 했다.

일상의 변(變)과 화(化),
충족의 심연

한
지
윤

대학강사. 교육학 박사이나 동양고전에 대한 깊은
이해와 통찰이 계속해서 요구되어서 꼬레아아테나
고등교육원에서 수업을 듣고 있다. 몸소 평생학습
을 실천하는 중이다.

역의 원리가 그러하다.

나는 그렇게 배웠다. 선생님께서는 간략하게 한 마디를
던졌다. "주역(周易)은 '변(變)'과 '화(化)'의 시소게임이다!"
아니, '변화(變化)'면 그냥 '변화'이지, '변'과 '화'라니! 그냥 바
뀌는 사태에 관한 철학적 기록이 『주역(周易)』아닌가? 의문
이 들기는 했지만 논문 쓰느라 바빠 『주역』공부는 뒤로 미
루고 그냥 그렇게 넘어갔다. 그러고는 시간이 지나 동양철
학과 『주역』을 공부하면서, 선생님께서 일러준 내용을 내

나름대로 소화해 정돈하며, 다시 인생을 고민하게 되었다.

『주역』에서 역(易)은 변
화, 즉 '바뀌는 것'을 뜻한
다. 일상에서 낮은 밤으로
바뀌고 밤은 낮으로 바뀐
다. 〈그림〉이 보여주는 것

처럼, 그것은 말할 필요도 없는 자연 법칙이다.

계절도 그러하다. 봄은 여름으로 바뀌고 여름은 가을로
바뀌고 가을은 겨울로 바뀐다. 겨울은 다시 봄으로 바뀐
다. 바뀌고 또 바뀌고. 무한 순환(無限 循環)인가? 그렇다고
'단순 반복(單純反復)'은 결코 아니다. 매년, 질적 차원의 전
화(轉化)가 개입한다. 이 또한 자연법칙으로서 계절의 순환
이다.

바뀌는 패턴은 끝없이 순환한다. 자연은 끝없이 순환하면서도, 낮에서 밤으로 밤에서 낮으로 또는 봄에서 여름, 가을, 겨울로 바뀌는 패턴은 변하지 않는다. 즉 백야(白夜)와 같은 특이한 현상이 발생하는 가운데도, 밤낮의 길이 차이는 있을지언정, 일반적으로 낮에서 밤, 밤에서 낮으로 바뀌는 패턴이 일정하다. 그리고 심각한 기온 이상이 일어나지 않는 한, 봄에서 여름, 가을, 겨울로 가는 계절의 패턴이 일정하다. 이는 만물이 계속해서 변화하는 자연 원리를 의미한다. 이러한 우주 만물의 변화를 통찰하는 지혜가 다름 아닌 『주역』의 원리이다.

변(變)과 화(化)의 디엔에이(DNA)

그렇다면 우리는 일상에서 겪는 변화를 즐기면서 수용하는가? 인간은 변화를 두려워한다. 나이가 들면 들수록 변화를 즐기지 않는다. 인간뿐만 아니라 동물 또한 나이가 들수록 변화를 쉽게 받아들이지 못하는 습성을 갖고 있다. 집에서 기르는 개도 나이가 들면 바뀐 환경에 잘 적응하지 못한다.

그러나 『주역』을 들여다보면 삶의 변화가 불가피하다는 것을 알 수 있다. 『주역』의 첫 번째 괘인 〈건(乾: ䷀)에는 "건의 도가 변하여 화함에 제각기 성명을 바르게 하니, 대화를 보합하여, 이에 마땅하고 바르고 곧다.(乾道變化, 各正性

命, 保合大和, 乃利貞.)"라고 나와 있다. 이는 변화하지 않고서는 만물이 성명을 바르게 할 수 없고, 그에 마땅하지 않으며 바르고 곧을 수 없다는 의미이다. 『주역』의 원리에 따라, 우리는 변화가 일상에서 불가피함을 알 수 있다.

사람도 시간이 지나면서 외모가 변한다. 주름살이 늘어가면서 전반적으로 살이 조금씩 처지기 시작한다. 등도 늙으면서 차츰 굽는다. 거울을 볼 때마다 변하는 자신의 모습이 보인다. 이는 물리적 차원에서 변(變)하는 것이다. 인간은 마음 또한 변한다. 마음속에서 하는 생각도 수시로 바뀌고 의지도 때에 따라 바뀐다. 감정도 수시로 바뀐다. 오늘은 커피가 좋았다가도 다음 날은 싫을 때가 있다. 이러한 차원은 화학적 차원에서 화(化)하는 것이다. 이 물리적·화학적 두 사태가 '변(變)-화(化)'를 설명한다.

자연의 거울, 인간의 얼굴

인간의 변화는 자연 사계절의 변화와 닮아있다. 인간 겉모습의 변화는 자연 사계절 변화와 유사하다. 즉 봄에 차츰 성장하기 시작하는 것은 신생아 시절부터 성장판이 열리면서 인간이 성장하는 것과 유사하다. 여름에 잎이 나고 자라는 것은 청소년기를 지나 신체적인 변화가 급격하게 일어나는 것과 유사하다. 가을에 잎이 떨어지고 나뭇잎색이 바라는 것은 장년기를 지나 심신이 쇠하는 것과 유사하다. 겨울에 나뭇잎이 다 떨어지는 것은 노년기에 인간의 근육까지 줄어들면서 활동량도 줄어드는 것과 유사하다. 인간의 삶이 이처럼 자연과 닮아있으므로, 『주역』의 변화 원리를 인간의 삶에 빗대어 이해하기란 어렵지 않다. 그저 자연스러운 인간의 변화일 뿐이다.

계절이 봄, 여름, 가을, 겨울로 일정한 패턴에 따라 바뀌듯이 인간 역시 신생아기, 소년기, 청년기, 장년기, 노년기로 일정한 패턴에 따라 바뀐다. 이러한 노화(老化) 패턴을 거치지 않은 인간은 찾아보기 힘들다. 마찬가지로 인간이 겉모습이나 마음까지 바뀌는 것도 자연이 변화하는 이치에 따라 이해할 수 있다.

인간이 늙으면서 변화를 반기지 않는다는 것이 일반적인 속설이다. 그럼에도 불구하고 인간이 늙어서도 변화를 반갑게 수용할 수 있을까? 또는 더 나은 방향으로 변화하면서 나답게 될 수 있을까?

인간 교육, 심신 수양

그것은 교육을 통해 가능하다. 교육을 통해 '심신수양(心身修養)'을 하면서 음(陰)과 양(陽)이 조화를 이루게 하고, 나아가야 할 길로 마땅히 나아가서 성명(性命)을 바르게 할 수 있다. 교육을 통해 마땅히 나아가야 할 길로 나아가면서 바뀌지 않는 보편적인 법칙을 따르게 할 수 있다. 그리고 조화를 이루지 못하는 언행이나 잘못된 판단이나 행동을 하지 않게 인도할 수 있다. 즉 보편적인 법칙에 따라 만인을 사랑하고, 모난 행동을 하지 않으며 잘못을 하면 스스로 부끄러워하고 반성할 수 있다. 잘못된 행동을 하는 사람을 보면 그를 마땅히 미워하면서 그것을 모방하지 않게 된다. 이는 잘못 하는 사람을 보면 재미있게 보여서 모방하다가도 차츰 그것이 잘못임을 깨닫고 마음을 바로잡아 올바른 길로 나아가는 것이다. 그런 점에서 교육 없이는 심신 수양이나 음과 양의 조화를 이룰 수 없을뿐더러, 마땅히 나아가야 할 길로 나아가기가 어렵고 성명을 바르게 할 수도 없다.

교육의 차원에서 중요한 점은 변화를 유연하게 받아들이는 태도를 갖추는 것이다. 사람은 나이가 들면 들수록 변화를 반기지 않는다. 외부로부터 다양한 것을 수용하기보다 완고하게 받아들이려고 하지 않는 경향이 있다. 그럴수록 눈을 크게 뜨고 귀를 활짝 열고 열린 마음으로 변화를 받아들이는 유연함이 필요하다. 변화를 수용하지 않는 상태에서 변화를 수용하는 상태로 변화하는 것이 곧 교육의 효과이다. 이는 인간이 성숙한 것으로 볼 수 있다.

만족한 삶의 시공간

나는 과거에 비해 무엇이 얼마나 어떻게 변화했는가? 이러한 변화는 바람직한 방향으로 나아간 것인가? 나의 일정한 패턴은 무엇이고, 순환하는 과정은 어떻게 이루어지고 있는가? 늘 되돌아보는 사고 자체가 교육의 시작일 것이다. 유아기를 거쳐, 청년기, 장년기를 들어설 때 나는 나답게 살고 있는지를 되돌아보는 계기 또한 중요하다. 이러한 질문을 하는 계기가 『주역』을 읽으면서 생기기 시작한다.

나는 나의 삶에 만족하는가? 『주역』을 읽다 보면 무작정 달려가기보다 이 길이 올바른 길인지를 반문(反問)하면서 내 인생길에 질문을 던지게 된다. 가을에는 열매를 수확하듯이 장년기에는 인생에서 어떠한 결실을 맺었고 노년기에는 어떻게 삶을 마무리할 것인지를 『주역』을 읽으면서 재정돈해 볼 수 있다. 나의 삶에 만족할 만큼, 성숙한 길을 사람들과 더불어서 걷고 있다면, 진실한[誠] 삶을 살아간 것으로 보아도 무방하지 않을까?

주역이 알려주는 행복한 삶

나는 만족스러운 삶을 거창한 것으로 보려고 하지 않는다. 하루하루 충실히 열정을 다해 일했는가? 가족을 진심으로 아끼고 사랑하는가? 주변인들에게 친절하게 배려했는가? 나는 나답게 살아가고 있는가? 이러한 일상에서의 질문을 통해 나의 삶이 만족한지를 되물어볼 수 있다.

2020년대에 들어서서, 실제로 삶에서 최고의 가치가 무엇인지 조사한 결과, 선진국(OECD)에 속하는 17개국 국민 가운데 한국인만이 물질적 행복이 삶의 최고의 가치라고 답변하고 있다. 선진국 국민들은 가족, 직업, 물질적 행복 순으로 삶에서 가치가 있다고 생각한다. 반면 한국인은 물질적 행복이 가장 중요하다고 인식한다. 그렇다면 물질적 행복만을 추구하면 만족스러운 삶을 살 수 있을까? 나는 단순히 돈이 많다고 행복하고 의미 있는 삶을 산다고는 보기 어렵다고 생각한다. 물론 기본적으로 물질적 충족이 안되면 정신적으로도 온전하기는 힘들다. 반대로 물질적으로 풍요를 누려도 정신적으로는 빈곤할 수도 있다. 그 둘이 조화를 이루게 하는 것이 중요하다.

『주역』에서 제시하는 자연 법칙에 따라, 좋은 사람들과 가치 있는 시간을 보내면서 자연스럽게 나다움을 발견하고 행복한 시간을 하루하루 충실히 쌓아가는 것이 관건이다. 자연이 본래 그렇게 흘러가는 것과 같이 자연스럽게 순리대로 살면 되지 않을까. 그런 점에서 『주역』은 생애 주기가 길어지는 시점에서, 인생을 만족스럽게 살아갈 수 있는 통찰력과 혜안을 주는 경전이라는 생각이 든다.

엄마의
날개

**황
봉
덕**

전)고려대학교 연구교수. 성균관대학교 박사(文學 전
공). 저서에는 「李德懋 士小節 硏究」(박사학위논문),
공역 「說文解字 5」 외 다수의 논문·번역·저서가 있다.

닭이 날개 짓하는 순간

　인생을 산다는 것이 재미있는 일인가? 그렇다! 아니, 어
떤 때는 아닌 것 같기도 하다. '어머니', '엄마', '아내' 등등
내게 붙여진 이름을 볼 때, '내 삶은 어떤 날개를 달고 날고
있을까?'라는 생각에 빠질 때가 있다.

　『주역』의 61번째 괘(卦)에 〈중부(中孚: ䷼)〉가 자리하고 있
다. '중부(中孚)'는 문자 그대로, 중심에 정성이 충만하여 사

210 • 황봉덕

람들이 자연스럽게 감동하게 되는 상태를 상징한다. 한 마디로 말하면, 믿음을 팍팍 준다는 의미이다. 그 괘(卦)의 맨 위에 있는 여섯 번째 효 '상구(上九)'에 '한음등우천(翰音登于天)'이라는 기록이 있다. '닭 울음'과 관련된 이야기는 예전부터 다양한 방식으로 전해왔는데 '닭이 우는 소리가 하늘에 오르다!' 이게 무슨 의미일까?

주자의 『주역본의(周易本義)』에는 그것을 "닭이 날아가는 소리"라고 하였다. 운봉호씨(雲峯胡氏: 胡炳文, 1250-1333)라는 학자도 "닭이 울 때는 반드시 먼저 날갯짓을 하므로 '날아가는 소리이다.'"라고 하였다. 그러면서 운봉호씨는 한 마디를 덧붙인다. "그 울음에 미더움이 있기 때문에 〈중부〉에서 말한 것이다. 여섯 번째 효인 '상구'는 닭인데, 하늘 높은 데서 우니, 이러한 이치가 있겠는가? 믿음의 극한에 있으면서 변할 줄을 몰라 바르더라도 흉할 것인데, 하물며 바르지 못함에야 말해 무엇 하겠는가!" 뿐만 아니라 조선 후기 실학자인 이덕무(李德懋, 1741-1793)는 "닭은 '한음(翰音)'이다."라고 하였다.

날지 못하는 날개에 담긴 정성

일반적인 새처럼 날지 못하는 새! 다름 아닌 닭, '한음(翰音)'이다. 그렇다면, 닭에게 왜 날개가 달려 있는가? 그 날개의 쓸모는 무엇일까? 〈중부〉괘의 이 효를 독해하며, 처음에는 '한음'이 날지도 않으면서 날아가는 소리만 내는, 실속없이 요란 법석만 떠는 이들에 대한 경고처럼 느껴졌다. 그렇다면 닭에게 날개는 차라리 없는 편이 낫지 않을까?

이렇게 말하자, 닭요리를 먹을 때 날개만 골라 먹는 둘째 딸이 강하게 반대했다. "닭에게 날개가 없으면 큰일 나지." 일리 있는 말이다. 날지 못해도 날개가 달렸다는 건, 그만큼 중요한 이유가 있어서 인지도 모른다. 조선 영조 때의 학자 신경준(申景濬, 1712-1781)은 다음과 같은 글을 남겼다.

"닭이 알을 품는 것을 보면, 모이를 쪼아 먹지 않으면서도 굶주림을 알지 못하고, 마시지 않으면서도 목마름을 알지 못하며, 족제비나 고양이가 앞에 있어도 두려움을 모르고, 얼빠진 것처럼 앉아서 응시하듯 보면서, 정신과 지기(志氣)를 알에다 오로지 쏟는다. 지극히 단단한 연밥을 그 둥지에 놓으면, 또한 능히 감응하여 움이 트니, 이것이 지극한 정성이 아니겠는가! 그러므로 성인이 이를 취하여 〈중부(中孚)〉괘에 이름을 붙인 것은 이 때문이다."

나는 이 글을 보고, 닭을 기르며 자랐던 어린 시절이 떠올랐다. 알을 지키기 위해 푸드득거리던 어미 닭들의 날개 짓, 그리고 그 닭들이 낳은 알을 매일 아침 가져다주셨던 어머니의 주름진 손! 달걀 끝에 이빨로 구멍을 내어 쪽쪽 빨아먹었던 추억이 그리워지며, 오로지 알을 품는데 전력을 다하는 어미 닭의 모습에 엄마의 모습이 겹쳐졌다. 엄마에게도 날개가 있었다는 생각에 이르자, '한음(翰音)'이 꼭 부정적인 뜻만 가진 건 아닐지도 모른다는 생각이 들었다. 엄마는 열여섯 살에 시집을 와서, 병석에 계시던 아버지 몫까지 오롯이 감내하며, 6남매를 길러냈다. 그 어떤 역경 속에서도 굴하지 않았던 엄마의 용기를 닮은 것이 '한음'이 아닐까? 문득, 엄마의 '한음'이 나를 공부의 길로 이끌었다는 생각이 들었다.

나를 찾는 시간들

서른여덟 살 때의 어느 날, 세 아이를 모두 학교에 보내고, 거실에 우두커니 앉았다가 갑자기 '나는 앞으로 무엇을 하며 살아가야 하지?'하는 생각이 밀려왔다. 1년 가까이 이런 고민을 하던 내게, 엄마가 말했다. "너는 공부를 해야 한다!" 그 말이, 결혼하고 아이들을 낳고 기르는 동안 잊고 있던, 내 안의 나를 깨웠다. 가정 형편은 생각지도 않고, 학교에 보내 달라고 떼를 쓰기만 했던 꼬마가 나였다. 그렇게 그저 공부가 하고 싶어, 혼자 힘으로 고등학교와 대학에 다녔다. 누가 등을 떠민 것도 아닌데, 기어코 학교를 다녔던 젊은 날이 떠올랐다. 어쩌면 한문학과에 진학했던 것도, 돌아보면, 그저 우연이 아닐지도 모른다는 결론에 이르렀다. 그렇게 마흔 즈음에 다시 한문을 공부해야겠다고 마음먹었다.

우선, 서예학원에서 붓글씨를 배우는 것으로 첫걸음을 내딛었다. 그런데 이럴 수가! 한문학을 전공한 내가 서예를 쓰기 위해 내놓은 글을 읽을 수가 없었다. 아무리 일과 공부를 병행했다지만, 나름대로 열심히 학교 공부를 마치고 졸업장도 땄는데. 이게 뭐지? 자괴감이 밀려왔다. 그래, 처음부터 다시 시작하는 마음으로 기초를 다지자! 이 수밖에 없다! 그 무렵, 한학의 대가이신 일우(一愚) 이충구(李忠九) 선생을 만났다. 그렇게 시작한 한문 공부가 현재도 진행 중이다.

기초부터 다시 시작한 한문 공부는 매일이 도전의 연속이었다. 알 것 같다가도 돌아서면 다시 모르는 바보가 된 것 같은 기분이 드는 게, 산을 넘으면 더 큰 산을 만나는 기분이었다. 하면 할수록 부족함만 깨닫는 것이 공부인 것 같아 괴로웠지만 포기하고 싶다는 생각은 들지 않는 게 신기했다. 대학원에 지원했다가 낙방했을 때도, 컴퓨터를 잘 다루지 못해 썼던 학위논문을 통째로 날려먹었을 때도, 무슨 부귀영화를 누리려고 그렇게 고생하느냐는 주변의 걱정 어린 핀잔에도, '그만두고 싶다!'라는 생각은 한 번도 해본 적이 없다. 공부의 길이란 원래 외롭고 또 괴로운 길이라고, 아주 오래전에 엄마가 가르쳐 주셨기 때문이다.

알을 품는 정성, 인생의 전사

초등학교 4학년 때, 어느 날 갑자기 남원에서 전주로 전학을 가게 됐다. 병아리를 사러 전주에 간다는 엄마를 따라나섰다. 새 운동화를 신고 엄마와 나들이 가는 것 같아 마냥 즐거웠다. 그런데 도착한 곳이 전주의 이모 집이었다. 그날부터 나는 엄마 품을 떠나 이모 집에서 생활하게 되었다. 내가 계속 학교에 다니려면 그 방법뿐이었다. 당시는 그 뜻을 모르는 바가 아니라서 내색은 못했지만 속으론 엄마가 야속했다. 지금 돌이켜 보면, 자식을 떼어두고 가는 엄마의 심정이 오죽하셨을까!

방학이면 고향집으로 갔다. 닭장의 닭들을 냇가에 데리고 가 방목하며, 풀을 먹게 하고, 저녁이 되면 닭들을 다시 닭장에 몰아넣곤 했다. 닭들은 내말을 잘 들었다. 다른 곳으로 도망가지 않고, 내가 안내하는 비법(?)에 맞추어 닭장으로 들어갔다. 그리고 매일 아침, 알들을 낳았고, 다시 지극하게 알을 품어냈다. 미련하다 싶을 만큼 착하게. 우리를 지키기 위해 매일의 어려움을 묵묵히 감내하며 치열하게 살아온 엄마의 하루하루도 미련할 만큼 착하고, 그래서 용감했다. 엄마라고 다 버리고 도망가고 싶은 날이 없지 않았을 텐데 말이다. 육십을 넘겨 엄마의 인생을 돌이켜보니 엄마는 여자가 아니라 전사였다.

내 인생의 힘, 한음(翰音) 엄마

공부의 길이 외롭고 괴로울 때마다 떠올리는 장면이 있다. 그날 전주역의 풍경이다. 등에는 동생을 업고, 머리 위엔 백 마리의 병아리를 이고 기차에 오르시던 엄마! 그 강인한 인생을, 어렸지만 나는 당당하게 배웅했다. 지금도 미소를 머금고 나를 바라보며 격려하던 엄마의 눈짓이 어제처럼 생생하다. 칙칙폭폭! 기차가 떠나고, 나 홀로, 다시 전주에 남겨졌다. 이모 집에서의 더부살이가 녹록치 않았지만, 한 번도 혼자라는 생각은 들지 않았다. 아무리 멀리 떨어져 있어도, 엄마가 나를 지켜주고 있었으니까!

열댓 살의 그때부터 환갑을 넘긴 지금까지, 어려운 일이 생기면 늘 엄마부터 찾는다. 엄마가 세상을 떠난 지금도 마찬가지이다. 공부를 하다 막막한 벽을 만날 때, "너는 공부를 해야 한다!"라고 하셨던 엄마의 말씀이 귓가에 맴돌며 다시 마음을 다잡곤한다. 무엇을 얻고 또 이루는 것보다, 포기하지 않고 계속 공부를 하는 것! 그 도전을 지속하며 용기를 잃지 않을 수 있었던 건, 그 어떤 보상도 바라지 않은채, 지극한 정성으로 자식을 길러낸 엄마의 인생이, '한음(翰音)'이 되어 내안에 울렸기 때문이다.

닭에게 '날개의 쓸모'가, 내게는 공부와 다르지 않을지도 모르겠다. 높이 날아오를 수 없다 해도 절대 없어서는 안 되는 것! 대단한 무언가를 이루지 못한다 해도, 매일 푸드득 날개짓하며 살아온 인생의 날개 짓이 한음이 되어 남는다면, 이것만으로도 의미가 있지 않을까? 엄마의 인생이 남긴 '한음'이, 나에게 공부의 길을 포기하지 않게 해주었듯이, 내공부의 길이 "공부하기 위해 잠시 돈을 번다!"라는 둘째 딸의 인생에 '한음'이 되어 남기를 희망해본다. 나도 엄마가 되었지만, 이렇게 나이가 들수록, 참 그립다. 내 인생의 한음(翰音)! 엄마!

점(占).
의심(疑心)의 결단(決斷)!

1

나는 『주역』강의에서 일관되게 강조했다. 점(占)은, 특히, 자기의 '인생에 관한 점'은, 나 스스로 보는 것이다! 모든 믿음은 '자기 신뢰'에서 싹튼다!

우리 주변에는 의외로 '점'을 보는 집이 많다. 서양 점인지 포크 게임인지 잘 모를 정도의 '타로'점도 있고, 사주팔자(四柱八字)를 통해 인생을 알아보기도 하고, 정통 무속인(巫俗人)이 행하는 다양한 형태의 점도 있다. 특히, 역술가(易術家)들은 『주역』의 이론을 바탕으로 미래를 예측하기도 한다. 상당수의 사람이 이런 '점' 집을 들락거리며, 인생을 고민한다.

그러나 나는 단언한다! 이런 '점' 집에서 제시한 인생 예측을 무조건 신뢰해서는 곤란하다! 엉터리 예언가일수록, 자신이 점친 것을 강요하는 경우가 있다. 그들은 말한다. '내가 일러준 그대로 믿어! 그렇게 하면 다 돼! 알았어?' 이런 점술가들의 당당한 권위는 마치 하느님을 대변하듯, 진리처럼 묵직하다. 정말 그럴까?

나의 대답은 한결 같다. 그건 엉터리다! 그 사람이 일러준 대로 한다고 그대로 다 되는 것은 결코 아니다. 그렇다면, 이 세상 모든 사람이 잘 못 살 이유가 없다. 모두 행복한 생활을 누릴 수 있다. 그런데 그렇지 않다.

물론, 점을 치는 일에 종사하는 많은 분은 나름대로 자신의 기능을 수행한다. 찾아온 분들에게 따스한 위로의 말을 건넬 수도 있고, 통계학적 자료나 나름의 근거를 통해, 불행이 예고되는 경우, 그에 대비하도록 도움을 주는 상담자 역할을 할 수도 있다. 나는 그런 사람들의 개인적·사회적 기능을 부정하지 않는다. 다만, 너무나 허무맹랑하고 지나치게 미신적인 이야기로 삶을 왜곡할 때, 그들을 경계하라는 말이다.

2

우주 자연과 인간 사회에는 아직도 알 수 없는 일이 너무나 많다. 이미 알고 있는 사안일지라도 관점에 따라, 지향에 따라, 다르게 대처해야 하는 경우가 다반사(茶飯事)이다. 그것은 세상 자체가 '의문(疑問) 투성이'요 '의심(疑心) 덩어리'라는 말과 상통한다. 이때, 이 의문과 의심을 해소할 장치가 필요하다. 그것이 일종의 점(占)의 형태로 나타난다. 그렇다면, 이 점은 어떻게 이해해야 하는가? 중국에서 가장 오래된 역사서로 전해오는 『상서(尙書)』, 즉 『서경(書經)』에 그 단초가 보인다.

『서경』에 「홍범(洪範)」이라는 의미심장한 기록이 있다. '홍범(洪範)'은 이 세상에서 '가장 큰 법', 또는 '규범'이라는 의미이다. 거기에는 인간의 삶이 자연스럽게 진행되기를 바라는 염원이 서려 있다. 이를 위해 인간은 자기 몸을 제대로 세우고, 인생을 펼쳐갈 수 있도록 나름의 기준을 수립해야 한다. 그것이 '아홉가지 조목'이다. 이에 '홍범'을 '홍범구주(洪範九疇)'라고도 한다.

아홉 가지 규범은 다음과 같다. 첫째, '오행(五行)'이다. 오행은 사람이 살아가는 데 꼭 필요한 다섯 가지를 말한다. 둘째, 오사(五事)이다. 이는 사람이 지켜야 할 다섯 가지 일이다. 셋째, '팔정(八政)'인데, 나라를 다스리는 데 가장 힘을 기울여 실천해야 하는 여덟 가지 정사이다. 넷째, '오기(五紀)'이다. 이는 사람이 시간이나 날짜를 깨닫고 기록하는 데 꼭 필요한 다섯 가지 기율이다. 다섯째, '황극(皇極)'이다. 황극은 홍범구주의 중심이다. 그러기에 최고지도자인 임금의 법칙으로 기능한다. 여섯째, '삼덕(三德)'이다. 삼덕은 인간관계에서 기본적인 세 가지 덕이다. 일곱째, '계의(稽疑)'이다. 이것이 우리의 주제인 『주역』과 직결된다. 다름 아닌 '점을 쳐서 묻는 일'이다. 이는 옛날 사람들이 생활 속에서 큰일의 가부(可否)를 결정하고 행동할 때, 점을 치는 일과 관계된다. 여덟째, '서징(庶徵)'이다. 이는 여러 가지 징험을 말한다. 특히, 자연 현상과 인간 행위와의 관계 속에서 드러나는 일들에 관한 것이다. 마지막으로 아홉째는 '오복육극(五福六極)'이다. 인간의 행복 다섯 가지와 불행을 가져오는 여섯 가지의 기본 요소이다.

이 아홉 가지 조목은 사람들이 살아가는 데 꼭 필요한 기본 원리이고, 자연과 인간, 개인과 공동체 등 여러 관계를 전반적으로 망라하고 있다.

3

〈홍범구주〉 가운데 점치는 일을 직접 다룬 부분이, 일곱 번째 '계의(稽疑)'이다. 이는 어떻게 이해할 수 있을까? 인간은 완전하지 못하다. 특히 아직 인지가 발달하지 않고, 과학적 시설이 제대로 마련되지 않은 시대에는, 기후나 기상의 측정을 복서(卜筮)에 의존한 경우가 많았다. 이런 점복(占卜)은 인간사에 의혹(疑惑)이 생겼을 때, 올바른 판단을 하려는 노력이다. 문제는 올바른 판단에 대한 이해이다. '올바름'의 기준은 무엇인가? 여기에서 인간은 한계에 부딪친다. 이에 의심나는 것에 대해 묻는 행위가 '계의(稽疑)'이다.

"'의심나는 부분에 대해 묻는다'는 것은 '거북점'과 '시초점' 치는 사람을 골라 세우고, 이에 거북점과 시초점을 치도록 명령하는 일이다. 그러면 점치는 사람은 '비가 오겠다.' '날이 개겠다.' '안개가 끼겠다.' '날이 밝겠다.' '흐렸다 맑았다 하며 서로 얽힐 것이다.' 이런 판단을 내리며, '좋다' '나쁘다' '곧다' '부끄럽다' '뉘우쳐라' 등등, 경계의 말을 할 것이다.

이런 사람들을 세워 거북점과 시초점을 쳐라! 대신, 다음 사항을 명심하라! 세 사람이 점쳤다면, 두 사람의 말을 따르라! 풀기 어려운 큰 의문에 봉착했다면, 먼저, 당신의 마음에 물어보라! 그리고 또 주변의 지혜로운 사람들과 정의로운 사람들에게 물어보라. 그런데도 의문이 가시지 않거나 풀리지 않으면, 거북점과 시초점으로 물어보라! 그리하여 당신이 따르고, 거북점이 따르고, 시초가 따르며, 주변의 지혜롭고 정의로운 사람이 따르고, 또 모든 사람이 따르면, 이것을 일컬어 '대동(大同)'이라고 한다. '대동' 세계는 크게 모두 한마음이 되는 상황이다. 이때 자신이 안락해지고, 자손들은 번창하게 된다. 길(吉)하다."

이 기록을 눈여겨 볼 필요가 있다. '점(占)'은 일상생활에서 흔히 이루어지는 행위가 절대 아니다. 수많은 일 가운데 가장 중요한 일에 대해, 일의 성패와 화복을 예측할 수 없는 경우, 점을 친다. 점을 치는 목적은 '의심(疑心)'의 결단(決

斷)에 있다!' 거꾸로 말하면, 의심나지 않으면 점치지 말라!

심각한 문제 상황에 부딪쳤을 때, 우리는 먼저 스스로 그 해결책을 곰곰이 강구해야 한다. 그래도 풀리지 않으면 친구나 이웃, 스승, 경험이 풍부한 사람, 전문가 등에게 자문을 구한다. 그럼에도 불구하고 시원스런 해결책이 나오지 않으면, 그때에야 비로소 점을 친다. 그런 차원에서 '점은 의심을 해결하기 위한 최후의 수단이다!' 인간이 자기 노력을 다한 후에, 도저히 어쩔 수 없을 때, 하늘에게 그 결정을 구하는 '성(聖)'스러운 행위이다.

그런데 점의 결과가 모두 일치하는 것은 아니다. 어떻게 해야 할까? 이때 다수의 의견을 좇아야 한다. 다수결의 원리와도 유사하다. 이점을 명심하라. 점은 어떤 특별한 권위나 권능에 의한 '독단(獨斷)'이 아니다. '다수결(多數決)'이다. 점은 한 절대자에 의해 결정되어 행위를 유도하기보다는 '다수의 지혜'를 모아 판단하고 결정하는 합리적 방법 도출이다. 그리고 모든 이가 마음이 합쳐질 때, 완전한 의견의 일치가 이루어진다. 그것을 예로부터 '대동(大同)'의 세상이라고 하였다. 이런 차원에서 볼 때, 점은 보다 안전하고 평화로운 세상을 갈망하는 가운데 행해진 인간의 지혜였다.

4
이런 '점', 즉 '계의'와 유기적으로 이어지는 삶의 사태가

'서징(庶徵)'이다. 인간의 경험은 자연과 더불어 발생한다. 과거 농경 사회에서 자연조건은 인간의 생존에 결정적 영향을 미쳤다. 때문에, 자연에서 벌어지는 여러 가지 징조는 인간 생활의 방향을 예고하였다.

"'여러 가지 징험'은 '비오는 것' '햇빛이 나는 것' '더운 것' '추운 것' '바람 부는 것' '계절이 돌아가는 것' 등을 말한다. 이런 자연조건들이 질서에 따라 이루어지면, 모든 동식물은 정상적으로 성장할 것이다. 한 가지만 너무 갖추어져도 흉하고, 한 가지만 너무 부족하게 되어도 흉하다."

자연은 거짓을 말하지 않는다. 스스로 그러할 뿐(self-so) 어떤 고집도 없다. 그러나 인간의 눈은 그와 다르다. 인간은 그의 감각인 눈과 감정으로 그들을 대한다. 따라서 날씨가 찌푸리면 인간의 감정도 그에 유사하게 따라간다. 이는 자연 그 자체가 인간의 마음에 파고든 것이다. 문제는 너무 지나치게 갖추어져도 좋지 않고 너무 부족해도 좋지 않다는, 이른바 '과불급(過不及)'에 대한 경계이다. 그렇다. 적절한 비는 만물을 소생시키는 데 아주 중요하지만, 홍수나 가뭄은 만물의 생명을 해치게 만든다.

자연의 여러 징험은 인간의 감정과 행위에 영향을 미친다. 그리고 인간은 이런 자연의 변화에 따라 자기 적응을 해 나간다. 이때 중요한 것은 시기마다 각각의 징험(徵驗)에 따라 제각기 자기 수준에 맞는 행위가 요구된다는 점이다. 그 징험의 좋고 나쁨은 어떻게 이해되는가? 또 각각의 위치에서 인간에게 어떤 행위가 필요한가?

"'아름다운 징험'이란 '계절에 맞게 비가 내리는 엄숙함' '계절에 맞게 햇빛이 쬐는 조리' '계절에 맞게 더위가 내리는 지혜' '계절에 맞게 추위가 내리는 생각' '계절에 맞게 바람이 부는 듯한 성스러운 인품', 이런 것이 그에 해당한다.

'나쁜 징험'이라는 것은 '오랫동안 비가 내리는 경망함' '오랫동안 햇빛이 쬐는 어긋남' '오랫동안 더위가 내리는 게으름' '오랫동안 추위가 내리는 조급함' '오랫동안 바람이 부는듯한 몽매한 자'가 그것이다.

농경 사회의 지도자는 해를 살펴야 하고, 고위 관리들은 달을, 하급 관리들은 날을 살펴야 한다. 해와 달과 날을 통하여 사계절의 순환에 변고(變故)가 없으면, 모든 곡식이 잘 여물고, 다스림이 밝아지며, 뛰어난 사람들이 밝혀지고, 집안이 안락해질 것이다. 날과 달과 해를 통하여 계절의 순환에 변고가 많다면, 모든 곡식이 제대로 여물지 못하고, 다스림이 어둡고 밝지 않게 될 것이며, 뛰어난 사람들이 숨겨지고, 집안이 편안치 못하게 될 것이다.

사람들은 별과 같은 것이니, 별에는 바람을 좋아하는 것도 있고, 비를 좋아하는 것도 있다. 해와 달의 운행은 겨울과 여름을 있게 하였고, 달이 별을 따름으로써 바람과 비가 생기게 된다."

자연의 여러 가지 징후는 24절기에 따라 나타난다. 그런데 자연은 인간에게 필요 이상이나 필요 이하의 혜택을 줄 때가 있다. 이런 자연 현상에 대한 적절한 조치가 인생과 관련된다.

인생은 하나의 예술이다! 내 삶은 그 자체가 기예(技藝)를 품는다. 그것은 삶의 지나침과 모자람을 조절하는 작업과도 같다.

자연 현상의 여러 징조는 바로 이런 조절을 대비할 수 있게 하는 예고이다. 따라서 그것을 파악하여 실천하는 것이 인생의 역할이다.

다가올 일에 대한 정확한 예측, 선견지명(先見之明)으로 미래를 대비하는 판단력과 통찰력! 그것을 위해, 『주역』은 우리 인생의 참고자료가 될만하다.

2024. 8. 입추절(立秋節)에

신창호

꼬레아아테나고등교육원 인문학

사마천 史記

신창호교수가 알려주는

고전특강

10월 초 개강이로다~

중국 최고의 역사 기록으로 문(文) 사(史) 철(哲)의 인문학은 물론,
정치 경제 예술 과학 등 제반 영역에 영향력을 미친 사마천의 『사기』를 통해,
현대의 시대정신을 반영하는 삶의 지혜와 처세, 교양 의식을 고양할 수 있는 고전강의

◆ 수강생 모집

月
월요강좌

- 강사 : **신창호**(고려대 교수/동양철학/교육철학)
- 기간 : 2024년 10~12월 / 매주 (월) 19:00~21:00 (2시간)
- 장소 : 꼬레아아테나고등교육원(인사동 수운회관 1406호)
  (안국역 5번 출구, 종로3가역 5번 출구)
- 주교재 : **사마천『사기』**(신창호 교수 번역 교재 및 강독 자료 제공)
- 수업방식 : **윤독**(번역본)+**강독**(원문 발췌)+**현대적 독해**
- 비용 : 37만원 (교재비 포함)
- 인원 : 30명

 ▶ **YouTube**

쏙쏙꼬레아 🔍

◆ 세부강의계획

순번	날짜	내 용
1강	10월 07일 (월)	사마천의 생애와 『사기』
2강	10월 14일 (월)	사기 본기 1강
3강	10월 21일 (월)	사기 본기 2강
4강	10월 28일 (월)	사기 본기 3강
5강	11월 11일 (월)	사기 본기 4강
6강	11월 18일 (월)	사기 본기 5강
7강	11월 25일 (월)	사기 본기 6강
8강	12월 02일 (월)	사기 본기 7강
9강	12월 09일 (월)	사기 본기 8강
10강	12월 16일 (월)	사기 본기 9강

◆ 문의 및 신청

전화번호 : 02-2633-7131

홈페이지 : soksok.kr

입금 : 국민은행 (주)쏙쏙
844437-04- 001410

* 본 강좌는 사마천 『사기』의 본기, 세가, 열전을 중심으로 진행하되,
  분기별 10회의 <사기청담(史記淸談)> 독해 클럽 형식으로 운영

꼬레아 아테나 고등교육원

'꼬레아 아테나 고등교육원'은 문학·역사·철학을 바탕으로 **교양 대학** 수준의 고전학교를 지향합니다. 나아가 우주 자연과 인간 사회의 복잡한 이력을 **경험의 철학**으로 활용하려고 노력합니다.

'꼬레아(Corea: Korea)'는 말 그대로 한국이고, '아테나(Aθηνά: Athena)'는 지혜·전쟁·기술·직물·요리 등을 다루는 그리스 신화의 여신입니다. 때문에 '아테나'는 세상의 **지혜와 삶의 기술을 종합적**으로 상징하는 용어입니다.

'고등교육원'은 배움터로서 강의와 세미나, 포럼 등 다양한 양식의 **평생·학습·교육**을 빚어냅니다. 그런 만큼 '꼬레아 아테나 고등교육원'은 시대정신에 부응하는 알찬 인생을 열망합니다.

동서고금을 막론하고, 우주는 혼돈 속에서 질서를 구가하고, 인간은 그 가운데서 역동적으로 움직입니다. 요동치는 **현실은 지혜라는 삶의 힘**을 요청합니다. 지혜는 생명력을 갖춘 기술을 바탕으로 성장합니다. 기술은 예술로 성숙하고, **삶의 미학**을 하나씩 차근차근 구축해 나갑니다.

꼬레아 아테나 고등교육원은 인생의 기술과 지혜를 맛보고, 향기로운 꽃을 피워 열매 맺는 멋진 지성인이 어울리는 **평생 공부의 장**입니다.

꼬레아 아테나 고등교육원 ㈜쏙쏙

서울 종로구 인사동 수운회관 1406호 T 02-2633-7131 / ww.soksok.kr